凄い！八光流柔術

短期修得システムを解明

〝心的作用〟を使い、指一本で相手を制す！

八光流宗家
奥山龍峰・監修
『月刊秘伝』編集部・編

BABジャパン

はじめに

八光流宗家　**奥山龍峰**（二代目）

本書は、２００８年から２０１４年にかけて武術専門誌『月刊秘伝』より取材を受け、誌面掲載された内容から厳選し、再構成して一冊にまとめ上げられたものです。

八光流柔術の正式名称は、日本武芸司護身道八光流柔術といいます。

戦前は東京神田旧お玉が池にその道場（八光流講武塾）があり、全アジアからの入門者で門前市を成しました。毎日１５０名ほど、番号札による個人教授で賑わい、常に道場前は人垣ができていたそうです。

そのように多くの人々が集まった理由として、他の道場の如く入門者を単に遊ばしておく程度ではなく、３分でも５分でも「いのちを制御する秘術」を個人教授していたからでした。

しかも畳一枚の上でも悠然と一組が秘術を尽くして戦える八光流は、創始者の言葉を借りるまでもなく寸暇尺畳（「いつでもどこでも行える」の意）の武芸そのものであり、また、いつまでもいのちがけで精魂を傾けられる武術だから痛快三極であります。

もちろん、暴漢やギャングに指一本で勝った、撃退したという嬉しい報告も数多く寄せられています。突く、蹴る、殴るという野蛮極まるものでないだけに、時代に即応する八光流こそ文句なしに心身錬成の大道として大衆から親しまれています。

八光流を修めれば、短気粗暴の者は落ち着き温厚となります。小胆者は生まれ変わったような度胸が付き、いかに愚味でも胆がすわって頭脳明晰となります。優柔不断なる者は乱麻を断つ怪刀の如き決断力が付き、いかに使うとも尽きぬ活力が養われます。

八光流はあらゆる戦技武道、凶器武道を否定し、ひたすら個々の身を護るための新しき日本人の心と人格を築き上げるために伝導されるものです。事実、八光流の教伝を受ければ、週日を出でずして好男子となり、女性は魅力ある美人に変貌していきます。

八光流創始者、奥山龍峰（初代）先生から、この道を求める全ての方々へ向けた言葉を次に掲げておきます。


「理想と希望に満ち、胆斗の如き肚と人格をつくるうえにしともなれば、幸いこれに過ぎたるはない。世の現状を黙視出来ざる人々は、涙を払って来れ。意外にも「無量珍宝、不求自得」といった境涯に、八光流は君を歓迎するだろう。」

目次

序

八光流柔術の歴史と初代 奥山龍峰宗家

八光流柔術開祖・奥山龍峰宗家（初代）

先代、奥山龍峰宗家のこと

八光流の開祖である先代奥山龍峰宗家（以下開祖）は、明治34年12月、山形県に生まれた。生来身体が弱く、5歳の時には脳膜炎という大病を患った。このとき命を救ったのが田原という漢方医であったという。この経験こそが、この後東洋医学へ傾倒する原体験となっている。その後もさまざまな病に悩まされる少年期を送った開祖は、「病苦にあえぐ人々を救いたい」という思いを徐々に募らせていった。

八光流柔術の歴史と初代奥山龍峰宗家

東京政治学校時代（写真左が開祖）

皇方義塾時代（写真左は樺太伝道に助力したという一木翁）

健康上の理由から数年遅れで学校へ進み、大正10年、家出をして北海道の旭川へわたる。政治学、雄弁学を志しての事だった。大正13年に東京へ移り東京政治学校へ入学した。

昭和2年、東京政治学校を卒業し、再び旭川へ帰り、北日本雄弁連盟を結成。80名の青年代議員を集めての雄弁帝国青年議会を開催するなど、政治教育を目的とした遊説活動に努める。

この頃、政治活動と時同じくして武術修行も盛んに行うようになる。大東流合気柔術の松田敏美師、のちに武田惣角翁に師事。〝大東流のみにとどまらず、その後、天塩、新潟、京都、宮津、伊勢、熊本、沖縄、と全国各地を遊歴して様々な武術家、武道家と交わり武芸十八般を学ぶ。しかし、そのどれもが、宗家にとって目指すそのものではなかった。

医学については大東盟舎の平田了山師、東洋醫道会総裁の南拝山師について心理療法、東洋医学を学び、のちの「皇方指圧」を生み出す下地が養われていくのだが、ここでも開祖は見解の微妙な齟齬《そご》を感じていた。その最たるものが患部自体に対するアプローチの方法だった。患部への直接刺激をも行う平田師の施術に対し、開祖は〝患部には直接触れない〟という、「皇方指圧」の根幹をなす事となる大原則をうち立てた。人体組織の連繋性を研究し尽くしたればこその方針だが、これについて開祖は師への敬意を込め、こう述懐している。

「尊敬する師に対し、一面反逆行為の如く見られるが、しかしその動かすべからざる原理が確立しておったればこそ、実は超飛躍進展することが出来、完成に近付いたともいえるのである。事実、全国の盟友諸君が、いかに多くの難慢性の病者を救いつつあることかを、先生のみたまよ、審さに照覧ありて寛恕されんことを乞うて止まない」

開祖は旭川に皇法義塾を開設し、慢性病に取り組みつつ多くの治療師を育成した。その活動は樺太へも及んだという。

八光流の誕生

これまで同時進行的に追究し続けてきた療術と武術であるが、それらが互いに補完しあう車の〝両輪〟である事に、開祖は気付き始める。社会にとって真に必要なものは何なのか?……それには療術だけでは足りない……やはり武術が必要なのだ……。

北海道時代には、かの浪越徳治郎師とも親交を深めた。浪越師は治療家として、開祖は武術家としての道を歩む事を誓い合ったという。

昭和16年、上京し本郷の仮道場を経て、神田お玉が池に五坪三階建ての正式道場を完成させた。ついに八光流の誕生である。三階はそれぞれ、一階が七畳敷きの道場、二階が茶の間と寝室、三階が指圧の講義室、としてあてられた。

開祖の指導は、徹底的にマン・ツー・マン方式による事が守られている。それはどんなに門弟が増えようとも変わらなかった。その方針は、もちろん現在でも変わっていない。

昭和20年、空襲により道場が焼失してしまう。そのため故郷である山形の羽黒山へ一時移転するが、昭和22年に埼玉県大宮市に新道場を建設。それが現在の〝日本武芸司護身道　八光流柔術〟本部道場である。

政治、雄弁学への傾倒、医学への希求、そして明確に〝護身〟が打ち出されている武術……。開祖が歩んできた道のりを振り返ってみれば〝人々に、より良く、より強く生きて欲しい〟という一つの願いによって見

八光流柔術の歴史と初代奥山龍峰宗家

昭和16年6月、八光流開祖奉告祭（前列衣冠束帯が先代宗家。その左隣が南拝山翁）

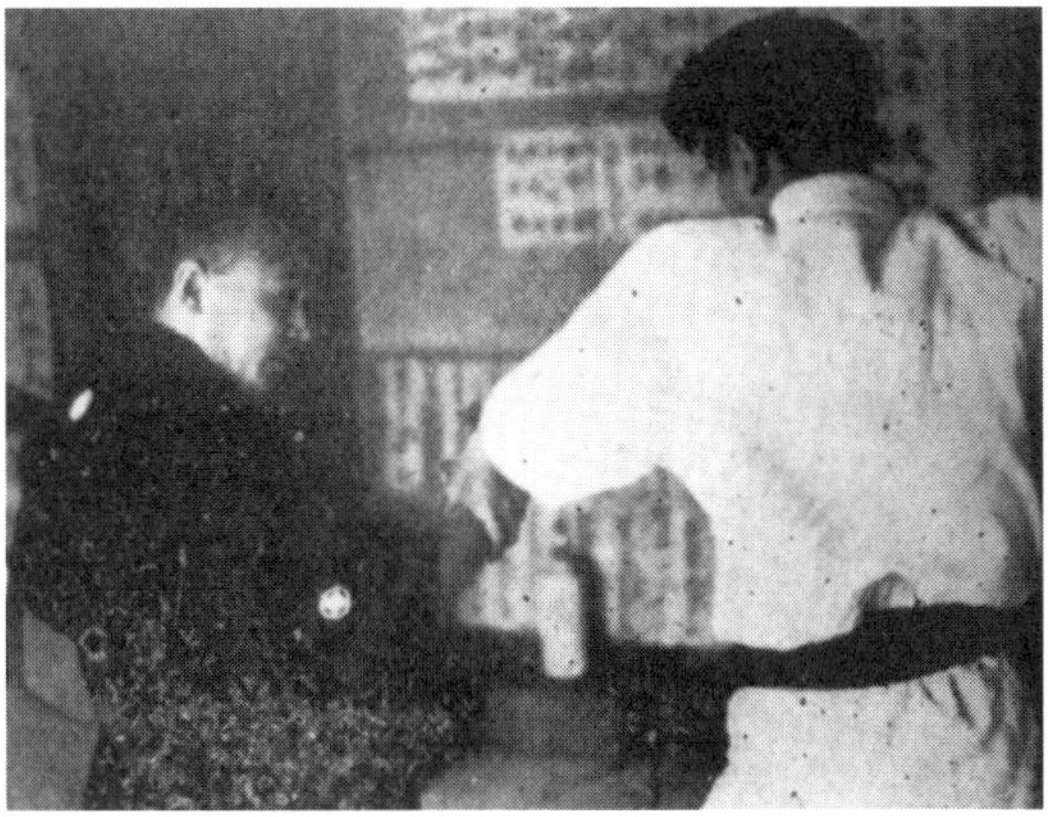

道場が完成し正式に八光流を開いた開祖は、徹底したマン・ツー・マン指導を堅持した。その指導方針は現在でも変わらず守られている。

事に貫かれている。これこそが八光流柔術という武術のもつ本質なのだ。

開祖は八光流柔術について、次のように語っている。

「八光流は則ち日本思想と一致する体験を経て、その思想よりも更に広い、生活の世界に参ぜんとするものである。そこには決して高踏的な夢幻の世界を意味せず、無論不可思議な何ものもないのである。只平凡な現実、ありのままの人生、そこに実は真の道が展けているのである」

昭和62年、開祖は85歳で永眠した。ご子息である現宗家が二代目奥山龍峰を襲名し、現在に至っている。■

概略

精緻なる技法体系と教伝システム

〝スパイラル〟

大東流合気柔術の究極的目標は〝合気修得〟にある。しかし、誰もがその高みにまで辿り着けるかというと、難しい、というのが実際の所だろう。

一方、八光流において〝合気〟という語は用いられない。そして〝誰もが技のすべてを修得できる〟を大前提としている。

大東流と八光流の大きな違いは、技の体系にある。まずは左掲をご覧いただきたい。これは八光流の技法一覧だ。これでもすべてではないのだが、実に膨大。

一番驚くべきは、これらが〝技への入り方〟やシチェーションの違いによるバリエーションではない、という事だ。

実はこれらの技法群は〝並び順〟にも意味があり、全体として巨大なスパイラル構造になっている。一回りして同じ所かと思うといつの間にか一段階上がっている。言い換えると、自分では気が付けないほどの着実な進化が一技一技のうちに起こる、という構造になっているのだ。

「初段技をやっている中では、自分自身何をやっているのかわからないまま続けている場合が多いんです。ところが二段技に上がった段階で改めて初段技を振り

八光流技法一覧

三段までは一般技で、四段は準師範技。師範技は一部しか書いていないが、基本的に全部の技。一般技と師範技の違いは一見してもわからないという。師範技は３つのパートに分かれており、第一のパートが初段〜四段の全技。第二のパートは五段。五段特有の「手鏡」「突身捕」「抜打捕」などの他に「一手または一点の秘口伝」として初段〜四段の技に一つ加えたもの。第三のパートは奥伝。第一第二のパートに入らない分類のものや複合技。皆伝は初段〜五段技にあることをすると皆伝技になるが、やはり見た目には違いはわからない。奥伝は初段〜五段技の分類に入らないものや複合技。三大基柱は八光流の究極奥義。実はこれがわからないと各技は完全にはかけられないという。

初段	座り技 八光捕 手鏡 合気投 膝固 腕押捕 胸押捕 打込捕 半立技 横片手押捕 椅座諸手押捕 立ち技 八光攻 立当 立手鏡 引投 腕押捕 胸押捕 両腕押捕 両胸押捕 打込捕 後攻落 傘後攻捕 首〆捕
二段	座り技 松葉捕 手鏡 腕押捕 胸押捕 木葉返 綾捕 打込捕 半立前両手押捕 立ち技 巻込 手刀絞 両手刀絞 立手鏡 腕押捕 胸押捕 両腕押捕 両胸押捕 木葉返 胸木葉返 片手押綾捕 打込捕 前二方投 後二方投
三段	座り技 腕押捕 胸押捕 打込捕 手鏡 綾捕 半立技 横捕 諸手押捕 後逆首〆捕 立ち技 両胸押捕 衣絞捕 立手鏡 打込捕 突身捕 片胸押持廻 両手持廻 後攻捕 後衣絞捕 後帯引捕 前帯引捕 抜打捕 突込捕 後八光捕
四段	座り技 胸捕 腕捕 衣絞捕 手鏡 半立技 横捕 横二人捕 立ち技 胸捕 後攻捕 後八光捕 打込捕 横面打捕 追懸捕 竝行捕 小手返捕 白刃捕 大刀抜打捕 小刀突込捕
師範技	初段 八光捕 手鏡 横捕 腕押捕 胸押捕 二段 四方投 腕押捕 胸押捕 巻込 木葉返 三段 衣絞捕 雅勲 四段同新 五段 一手又は一点の秘口伝 奥伝 羽交締捕 首絞 胸捕投 傘押捕 扇子捕 杖押捕 片手投 二人捕 四人捕 縄抜 活法
皆伝秘技 三大基柱	初段 八光捕 手鏡 腕押捕 胸押捕 横捕 二段 腕押捕 胸押捕 四方投 諸手四方投 三段 衣絞捕 雅勲 四段・五段同新 奥伝 前逆三投 後逆三投 座逆五投 立逆五固 石畳 睾丸絞 刀鞘押捕 奉書捕 八光投 片手投 催捩 封投 基柱 路肩鮮烈 験崖見真 神肌躍如

膨大な技法群は実はスパイラル構造になっている。一回りして同じ所に戻ったかと思うといつの間にか一段階上がっているような構造になっているのだ。“横のライン”を進むほどに“縦のライン”が生まれてくる。

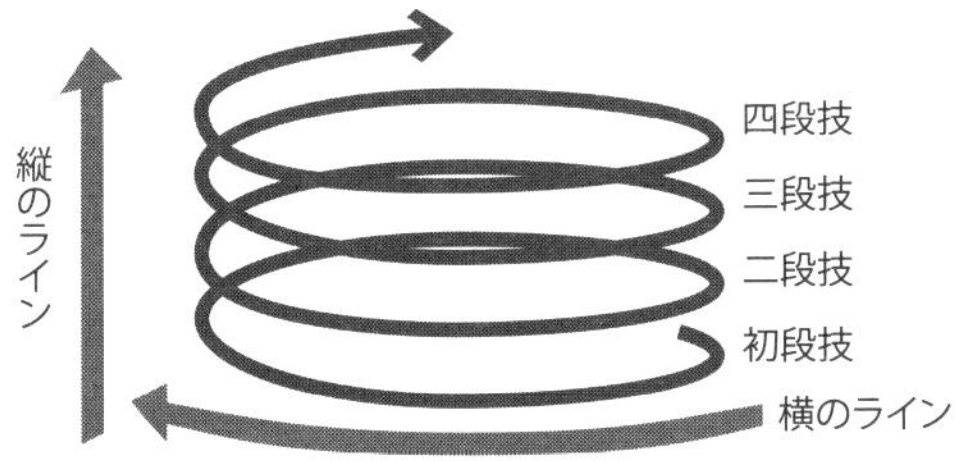

返ってみると〝ああ、自分はこういう事をやっていたのか〟というのがわかるんです。そうやって二段、三段……と上がっていって、最終的に初段技が一番深いっていう事がわかるんですよ」

なるほど……ただ直線的に頂上を目指すのでなく、螺旋になっているのはこういう事なのだ。

具体的にこのスパイラル構造を追ってみよう。まずは前頁の図でいう所の〝横のライン〟だ。

誰もが、入門してはじめに〝八光捕《はっこうどり》〟を習う。動作としては、両手首を掴まれた状態からそのまま上に差し上げる、となる（左掲参照）。

一見、手をはずすのが目的の〝手解き〟に見えてしまうのだが、それはあくまで結果。これはもっとシンプルに〝手の上げ方〟を学ぶためのものなのだ。

横のライン

入門したら誰もが初段技の〝八光捕〟〝手鏡〟〝合気投〟……という順に学んでいく。これが前頁図でいう「横のライン」。最基本の〝八光捕〟ができて初めて〝手鏡〟ができ、〝手鏡〟ができて初めて〝合気投〟ができ……という構造になっている。

何より、腕の力はぬく事。力は丹田から。丹田を意識すると腹筋に力を入れてしまいがちだが、それでは駄目。腹筋の力をもぬき、丹田の意識としては「腹と腰の中間」に精確に。

❶ 八光捕

すべての技の原理とも言えるのがこの“八光捕”。一見、相手の掴みから手をはずす“手解き”のように見えるがさにあらず。掴まれて下方に抑えつけられている手は本来力づくでは上がらない。その、上がらないはずのものが上がる所こそが重要。つまり写真01～03がポイントなのだ。腕の力自体は抜いて、丹田から力を起こすような意識で、結果として全身各所の力を総動員、集約させる。動かないはずのものを動かせる、事こそが、あらゆる技の原理なのだ。“腕を上げる”のでなく、“自分の耳元へ手を持っていく”要領（これを八光流では「耳が痒い!」と教えている）。普通は持たれた瞬間そこに力が入ってしまい、そこから負けてしまう。

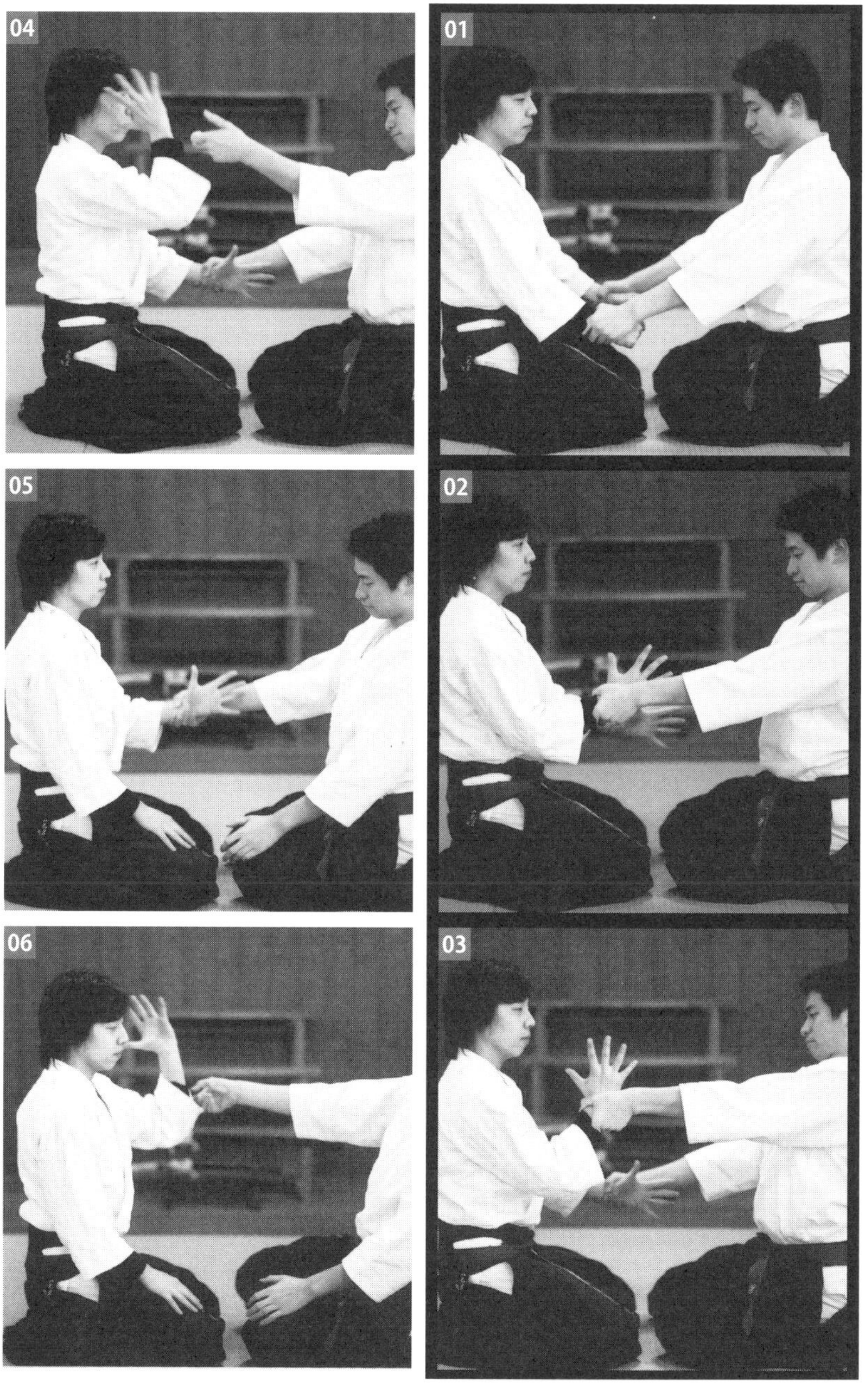
01
02
03
04
05
06

そもそも、掴まれて下に抑えつけられている手を上げるのは容易でない。武術取材の仕事柄、この手の形を見慣れているので、つい簡単な事のように思い込んでしまっていたが、実際自分でやってみたらどんなに頑張っても上がらなかった。

「まず大事なのが姿勢です。姿勢を真っ直ぐにして脳天から肛門まで一本の杭が刺さったように。そしてとにかく腕の力はぬく事。腕で上げようとしているうちは絶対に上がりません。力は丹田から起こします。腹と腰の中間に丹田を意識して、〝持ち上げる〟のでなく、単に〝自分の耳まで手を持っていく〟ようなつもりでやってみて下さい」

すると、スッとできた。不思議なくらい。

初手〝八光捕〟は、正しい姿勢と、とにかく余計な力をぬく身体遣いを学ぶためのものなのだ。これができないと何も始まらない、という存在。

それにしても、最初できなかったものがこれほど簡単にできるようになってしまう。何て教え方が上手いんだろう、と感じてしまった。これなら、一稽古20分というのも何となく納得できてくる。

〝八光捕〟ができたら次は〝手鏡《てかがみ》〟という技に進む（次頁写真参照）。

冒頭に、掴まれた手を、自分に掌を向けるように差し上げる動作（写真01～03）が出てくる。これは、実は〝八光捕〟ができてこそかなう動作なのだ。

手が上がったら、相手を崩す。つい、手刀を斬り落とす動作（写真07～08）に目がいってしまうが、本当のポイントはその直前の落とす動作（写真05～06）。これで相手を崩しているのだ。そして、これもやはり、見た目ほど簡単にはいかない。腕の力で下げようとしても落ちてはくれないのだ。腕の〝力〟は入れず、腕の〝重さ〟を利用するようにやれば落とす事ができる。腕の重さもけっこうなものだ。ほんのわずか力むだけでこの〝重さ〟は活かせなくなってしまうのだが。

〝手鏡〟ができたら次は〝合気投〟という技。なお、本稿冒頭に述べたように、八光流では〝合気〟という言葉は用いられない。のだが、なぜかこの技だけは〝合気〟がついている。いわゆる大東流などで用いられる

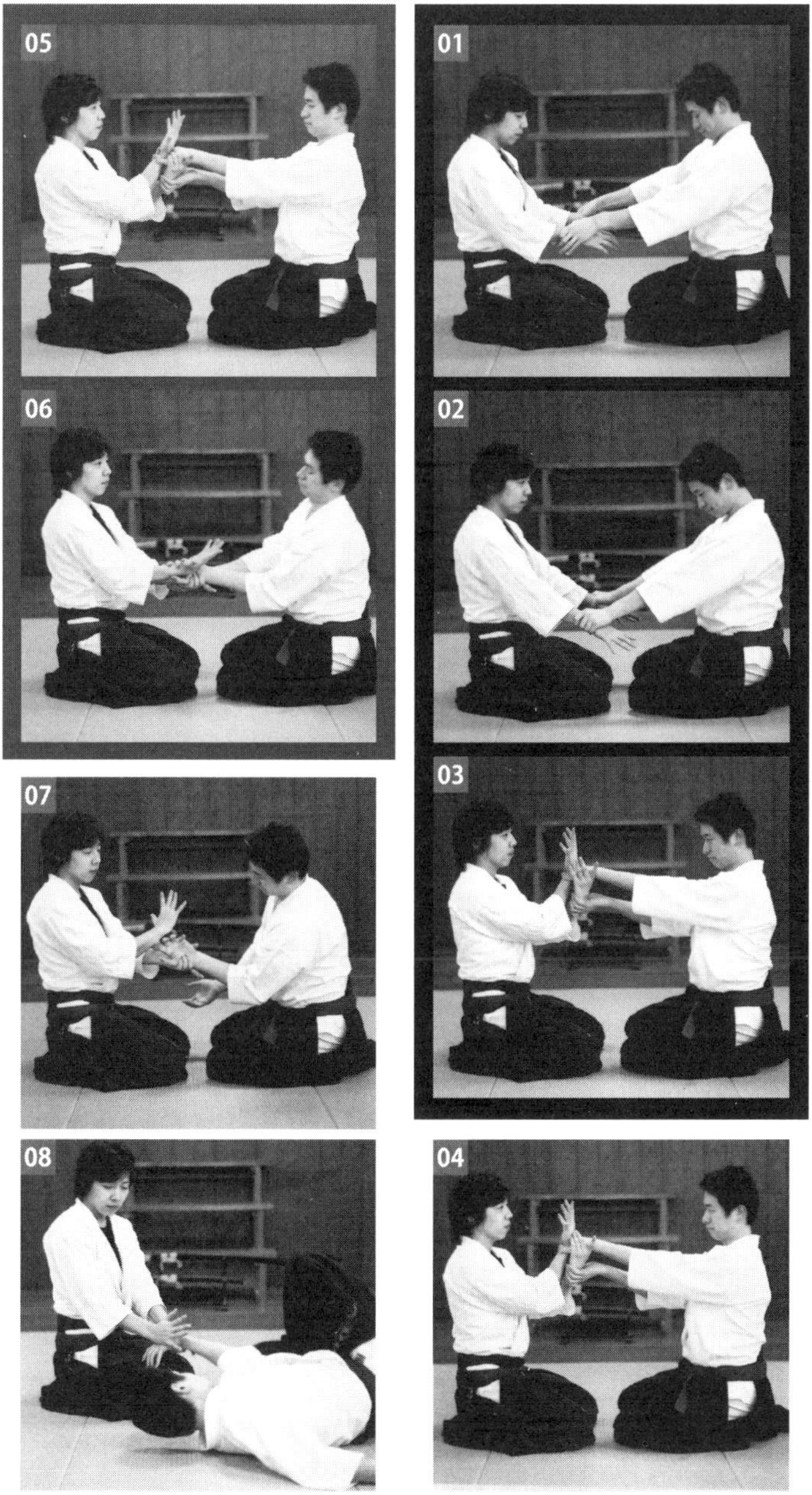

❷ 手鏡

掌を手鏡を見るかのごとく自分に向けつつ差し上げる。八光捕の上げ動作01～03ができて初めて〝手鏡〟の01～03ができる、という構造になっている。本技ではそこから落とす動作（05～06）こそがポイント。両手で落としているように見えるが実際は左手は添えているだけ。右手だけで落とし、それによって崩している。腕の力だけでこれをやろうとしても難しい。力でなく腕の重さを利用する。

❸ 合気投

〝手鏡〟で得た落とす動作をもって右手を落とし崩す。つまり〝手鏡〟の05～06ができて初めて〝合気投〟の01～02ができる、という構造。落ちた状態から左手を使って渡し込む（03～04）のがこの技で新たに加わるポイント。なお、八光流においてこの技だけ合気という言葉が使われているが大東流などでいういわゆる〝合気〟を意味するのではないらしい。

左列02～04「渡し込み」は親指支点の小指側の力を遣う。単に持ち上げようとしても無理。抑えられていても小指くらいは動くので、その小さい動きを拡大させていく。

（別角度より）

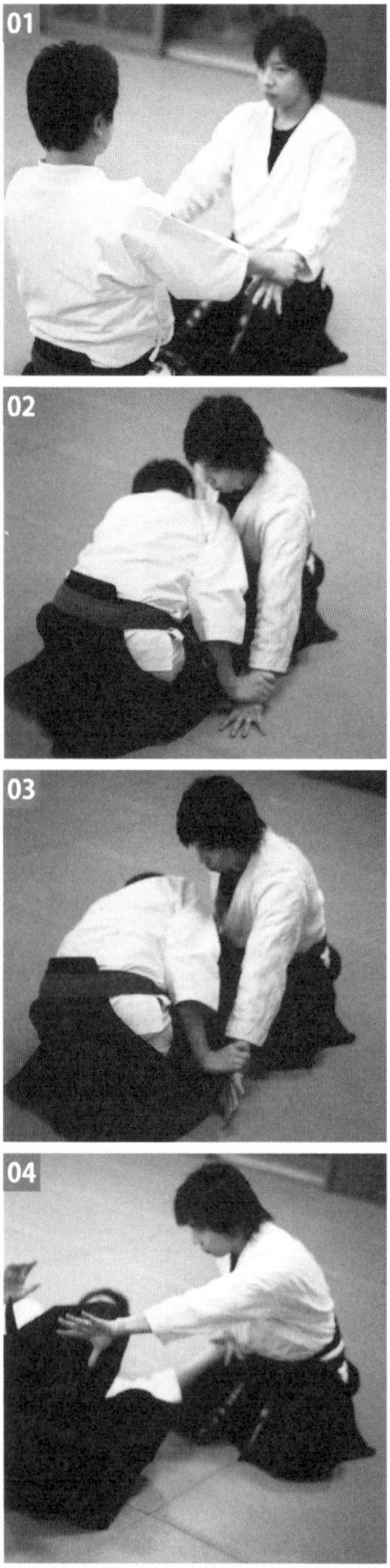

〝合気〟は意味していないそうなので念のため。

〝合気投〟は掴まれた手を右に引き落とす動作（写真01～02）から始まる。これはやはり、先の〝手鏡〟での落とし動作（写真05～06）ができたればこそ。

このように、ある技ができるとそれによって次の技ができてさらに新たな要素が加わって……という風に進んでいく構造になっているのだ。得意不得意などは関係ない。一つできればかならず次の技に片足がかかるようになっている。紛れのない教伝カリキュラムとして確立してしまっているのだ。

高みへ……

次に〝縦のライン〟をみてみよう。

例えば、初段技を修得して二段技に上がると、また同じような技になる。例えば〝手鏡〟という技は、初段で学び、二段でも学び、三段でも四段でも学ぶ。ただし、同じ〝手鏡〟でもまったく同じではない。実は各段にはそれぞれのテーマ性があり、そのテーマに則った発展を遂げた形の技になっているのだ。

〝横のライン〟を一歩一歩歩いてきて、知らずうちに少しだけ高い所に戻ってくる。「振り返ってみると改めて気付く」というのはこういう事だ。階層性理解が少しずつ進んでいくのだ。

そうやって少しずつ登っていくと、やがてとんでもなく高いところに辿り着く。

特別に、宗家に普段めったに公にはしないという奥伝技を見せていただいた。

いやいや、〝見事〟の一言。無駄な動きが一切ない流れの中で、「こんな事が可能なのか……」と唸らされる〝奇跡〟のような技の数々。よくよく見れば、〝八光捕〟であったり、〝雅勲〟であったり、そういった要素が随所に活かされており、その集積された結果として技が成り立っているのがよくわかった。これこそが八光流の凄みなのだと思った。

八光流は〝放任主義〟なのだという。入門したら自

〈本文27ページへ続く〉

縦のライン

同じ技でも初段、二段、三段……と上がるにつれ変わっていく。それが〝縦のライン〟。初段技は力をぬく、などの基本的な身体遣いを学ぶためのものだが、高段に上がると一手加えたり、方向が変わってきたり……と格段による新テーマが加わってくる。

手鏡（初段）

掴まれた両手を中心へ寄せるのは、実はかなり難しい。力を抜いて、自然な動きで持ってくる事。無駄な動きがない。技を掛けようとするのでなく、はじめから入ってしまっているような感じ。姿勢ができてないと駄目。腕の力だけでなく全身一体となった力。少しでも腕に力が入ってしまうとそれがかなわなくなる。

01

02

03

手鏡（二段）

二段技は、初段技の手刀で斬り落とした後に極めの一手が加わる。

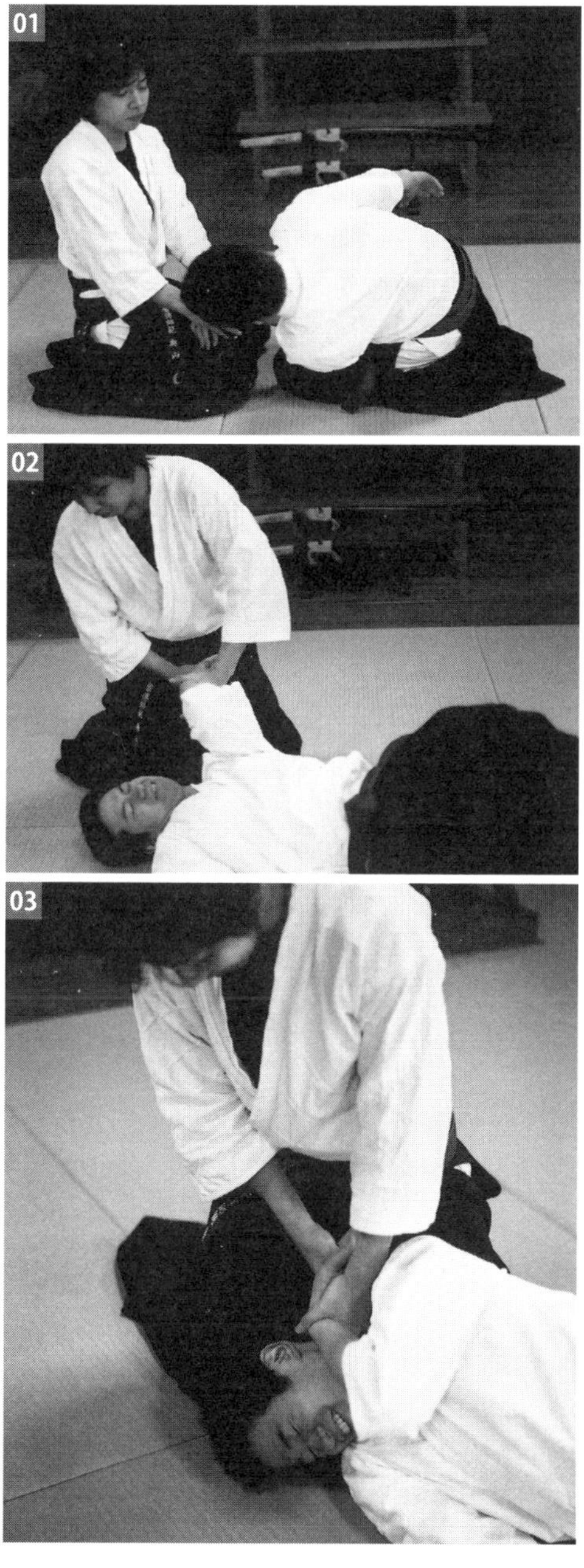

手鏡（三段）

三段技では崩す方向が変わってくる。外ではなく内に落とす。この落とし方は力ずくで捻り倒すようなごまかしがきかない。いかに自分の腕の重みを相手に伝えてコントロールするか、というテーマが入ってきている。この三段技を踏まえた上で初段技、二段技に帰ると、より深い理解に達するという。

手鏡（四段）

四段技ではかなり形が変わってきて、掴まれた手を差し上げる“手鏡”動作が消えている。相手が崩されまいと踏ん張った所の逆をつき、右手でなく左手で、屈筋側の経絡を極めながら崩し落とす。

そして奥伝技へ…

あれができたからこれができて……、を着実に積み重ねていくと、ついには奇跡のようにしか思えない超絶技に辿り着く。以降にご紹介するのはめったに公開しないという奥伝技。こんな技が成立するのも、無数の積み重ねがあればこそなのだ。

皆伝・奥伝技 石畳

胸ぐらを掴もうとしてきた相手の手を内から開くように誘導し、相手の腕が交差するように制していく。相手の左腕を相手自身の右腕を利用してその腋下に固めてしまいつつ、最終的にはその相手右腕をも膝だけで極めてしまう、まさに奇跡のような中空固め技。

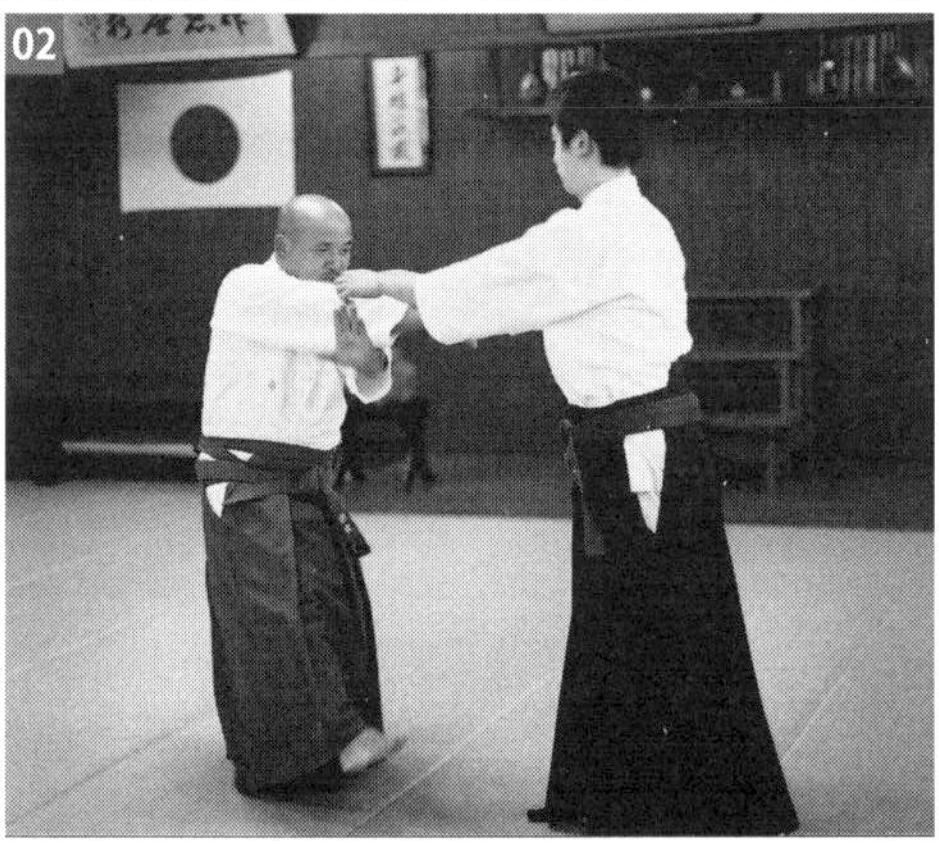

04

05

06

07

皆伝・奥伝技 睾丸絞

掴まれた両手を、右手は上、左手は下に誘導し（各手、肺経への雅勲）、相手両腕を交差させるようにして制す。相手は自らの右腕で左手をロックしてしまっている。さらに右腕を相手の股間に通し、真後ろから引き上げる事で、相手は自らの腕で睾丸を絞り上げる格好となる。

皆伝・奥伝技 座逆五投

後ろから両腕を絞り上げられているという絶望的な状態。肘を下げるようにして、相手の力に逆らわない、絶妙の軌道で下げていく（小指、小腸経の使い方に口伝あり）。

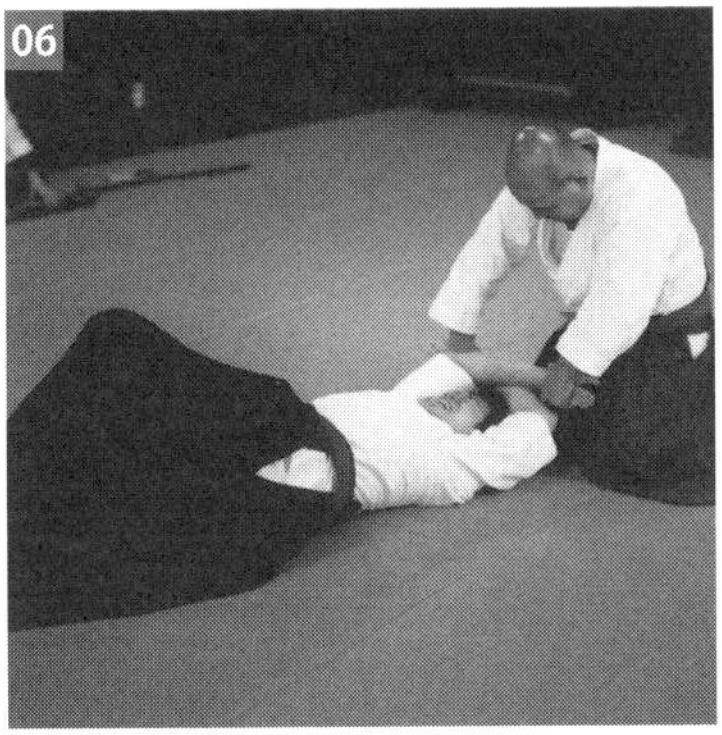

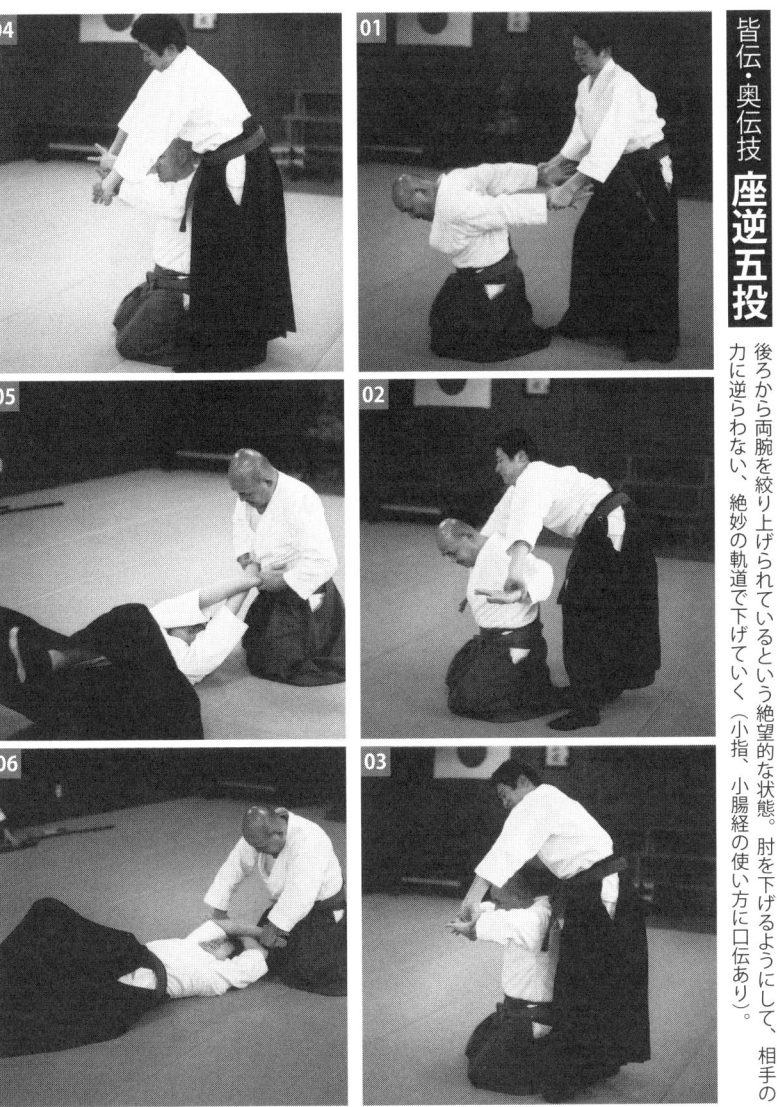

皆伝・奥伝技 刀靹押捕

刀の柄を掴まれた時、グッと下げてやる事によって反りの方向性から相手には抜かれなくなる。そのまま掴み続けようとする自らの力で動けなくなっている相手の右腕に、心経への雅勲を極める。瞬時に相手を浮き上がらせ、脇腹へ柄頭で当てを入れる。相手の腕を極めたまま投げ落とし、相手頭部の（胆経）の急所へ柄頭で当てを入れる。何段階にも極めが用意された、重厚な技構成だ。

01

02

03

04

05

らの意志である師範の元へ行き、自らの意志で〝稽古をつけて下さい〟と願い出て初めて稽古が始まるのだ。そして稽古は、本人にきちんと気付かせる事を大事とする。

皇方指圧もそうだった。改めて思う。八光流は個としての〝人間〟そのものを非常に大事にしている流派だ。外から無理強いするのでなく、中から湧くものをこそ目指しているのだ。

あまりに痛いその技や、何となく持っていた秘匿的イメージ。怖くて強圧的な世界も覚悟していたのだが、取材を終えてみると、随分違っていたなと感じる。何しろ、八光流の三大理念は、『挑まず、逆らわず、傷付けず』である。強圧的な訳がない。技は本当に物凄く痛かったが。

「我々の技は痛くて当たり前なんです。でも、力をぬければ痛くないんですよ」

なるほど。痛いという感覚を通して、体験的に脱力を学んでいく世界な訳だ。深い。

「技は厳しいですけどね。でも、ウチは上下関係なんかはゆるやかです。そういう所は必要以上に厳しくたって仕方ないんです。それよりも〝笑い〟の方が大事ですよ。〝笑い〟は人間を強くしますから」

と、宗家が歯を見せる。

何とも言えない、いい笑顔だった。

■

第1章

〝耳が痒い!〟

「例えば、自分の右手を相手が左手で掴んできたとします。そこへ技をかけていくとどこへ効くかというと、相手の右足なんです」

奥山宗家はこう語った。八光流は、何か攻撃しようと力んでしまうとそこが逆に急所となる、という原則によっている。つまり、掴みかかってきたらその力んだ手を逆用すれば良い訳だが、……右足?

「人間の身体は、必ずしも自分で考えているようには働いてないいって事ですよ」

宗家はこう言ってニヤリと笑った。

実際に見せていただくと、なるほど、よくわかった。頭で考える分にはいろいろ体勢にもよるような気がするのだが、実際に左手で掴みかかる様子を見ると、ほぼ例外なく右足へのわずかな力みが顕れていた。これはおそらくは〝無意識領域〟。無意識に右足で踏ん張ってしまう、という事をやっているために「あれ、こんなはずじゃ……」という事になる。

「これもいわば〝心的作用〟です。こういう部分を利用したり、コントロールしていく所に初代宗家は着眼した。そうして編み出されたのが八光流柔術です」

本書はこの〝心的作用〟を手掛かりに、これまで見えなかった部分を解き明かして行こう、というのが本旨。しかしいかんせん、この心的部分こそがまさに見えない所。初歩からじっくりと解説いただいて行かな

手を掴んで殴りかかろうとしてくる相手を、その掴まれた手のわずかな操作だけでそれ以上殴りかかれなくしてしまう。これは相手の〝力み〟に対する制御作用が体幹を貫いて逆側の足にまで及び、身体全体が硬直してしまうためだ。ここで大切なのは〝相手の中へ入っていく〝気持ち〟なのだと奥山宗家は語る。

ければ、という構えだ。まずは今回は八光流の初手中の初手の話から。

〝耳を掻け〟

31頁写真は、極初歩段階で行われる基本技〝八光捕《はっこうどり》〟。一見、掴み手をはずす〝手解《てほど》き〟のようにも見えるが、実は1〜3コマ目の動作こそが重要かつ全て。ここが簡単にいかない事はやってみないとなかなか気付かない。

動作としては、大東流系の合気上げに相当するので、この形を実際に習い、やってみた方は読者の中にかなりいらっしゃる事だろう。〝脇を締めてやれば上がる〟と教わった方は少なくないのでは？　確かにそうやると物理的により強い力を起こす事が出来るので一つの正解と言えるだろう。しかし、八光流での教伝はいささか別次元だ。

「相手の抑えつける力が予想以上に強かった時、誰でも得てして腕を意識してしまうんです。それで腕の筋力で上げようとしてしまうんですけど、それじゃ駄目なんです。意識は腕じゃなくて握られた手の部分だけにもっていく。そこだけでいいんです。他は全然関係ないんです」

そんな事言われても、やっぱり上げるのは腕じゃないか、と思ってしまうのだが、そう思ってしまうのがまずい〝心的作用〟らしい。

「筋力で上げようとすれば力のぶつかり合いになる。そういう競り合いは八光流ではやりません。まずは力を抜かなきゃならない。その上で、力は腕じゃなく、丹田から起こすんです」

〝腕の力は使わず丹田から〟と言われると、確かに腕の部分的な力みは抜けて全身が妙な連動稼働をし始める感じが起こる。腹の奥に特別な器官がある訳でもないのだが、もしかしたら人間は〝丹田から力を起こせ〟と言われないと最高の全身発力運動が出来ない動物なのかもしれない。これもある種の〝心的作用〟。

いろんな武術で〝丹田〟が重用されているけれどやっぱり丹田意識は重要なんだな、と感じつつも、しかしやっぱり腕は上げねば、と思うとやっぱり上腕二頭筋が……。そんな葛藤に苦しむ者への決定的な一言がこれ。

「耳を掻いて下さい。それだけです」

痒い痒い……と想像しながらやると、これが本当に驚くほどスッと上がる。

「ある目的の動作をやろう、という時、何となく無限のやり方が存在するようにも思ってしまうんですけど、実は最高に合理的な正解は一つだけ。それをやればいいだけなんですよ。自分の耳を掻こうっていう時に、わざわざ肘を開くようにしてやったり、特定の筋肉だけを使って実施してみよう、なんて考える人はいません」

言われてみれば確かにそうだ。うわあそれだけの事か、とも一瞬思ったが、いや逆か、と思い直す。いかに我々が意識の置きどころを間違った、歪んだ動作をやってしまっているか、という事だ。何かをやろうとして、ほんのささいな障壁に出くわす。そんな時だ。

八光捕

01 両手首を掴まれ、下方へ抑えつけられている状態から開始。

02 ここから片方ずつ手を上げていく。するとその動きに対して相手はさらに大きな力で抑え込もうとしてくるが、

03 それに対抗としようとするのでなく〝そのまま〟上げていければ決して止められない。宗家の力の抜け具合に注目!

04 ついに掴み続けていられなくなった相手の手を離れた腕は難なく上へ。あたかも〝耳を掻く〟かのごとし。

「〝心的作用〟は、本当に瞬間的に、だからこそ意図せず起こってしまう。だからやっかいなんです。上げようとする手が相手が抑えつける力によって上がらない。そう感じてしまった瞬間に〝より強い力を起こさねば〟となってしまう。その足し算発想によって腕の筋肉だけが稼働させられる。そうなってしまうと、逆に他の部分にはブレーキがかかってしまう。これじゃ本末転倒なんですよ。関係ないんです。何にもない状態と同じでいいんです。だから〝耳を掻け〟なんですよ」

多くの武術や競技スポーツは、障壁、つまり〝敵〟があればそれをさらに上回る力が発揮できるようにと努力する、そういう発想のように思う。ある意味自然な努力の方向だ。しかし八光流での発想は別の所に置かれている。武術における想定敵は、基本的には〝一期一会〟だと言えるだろう。つまりその場で初めて出会い、しかもその場限り。だから〝今回は敵わなかったけど次までにはパワーアップしてリベンジ〟などという発想は無意味なのだ。では何をすべきかというと、ベストの合理運動を当たり前のよう遂行するだけ。ここで何より問題なのは、この〝今回は敵わなかったけど次までにはパワーアップしてリベンジ〟がほんの瞬間のうちに無意識に起きてしまう、という事なのだ。いや、さらに言えばその瞬間起きてしまった反応自体を〝自然の事〟と思いこんでいる事こそが一番の問題なのかもしれない。「上がらなきゃもっと上積みして頑張る」というのは初手から間違っている事に気付かねばならないのだ。

〝挑まず、逆らわず、傷付けず〟

「掴んできた相手が道場破り的に挑んできているのか、素直に学ぼうとしてきているのか、迷っているのか、こういう事は全部〝八光捕〟一発でわかります。外国では腕力に自信のある人間が挑んでくるなんていう場面が嫌というほどありますけど、そこでうろたえたり、相手の力に挑み返そうとなんてしたら絶対に上

瞬間的に起こってしまう "負の心的作用"のプロセス

掴まれた手を上げようという時、ほんのわずかでも "あ、上がらない！ 相手の力は予想以上に強いな" と感じてしまったら、その瞬間無意識のうちに "もっと強い力を起こさねば" という反応を筋肉がしてしまう。この結果、上腕二頭筋だけが稼働させられ、せっかく連動稼働しようとしていた他所の筋肉にはブレーキがかかってしまうのだ。何があっても変わらず当たり前のようにベストの合理運動を遂行するのは、思いの外難しい。それを実現するためのコツが "耳が痒い" なのだ。

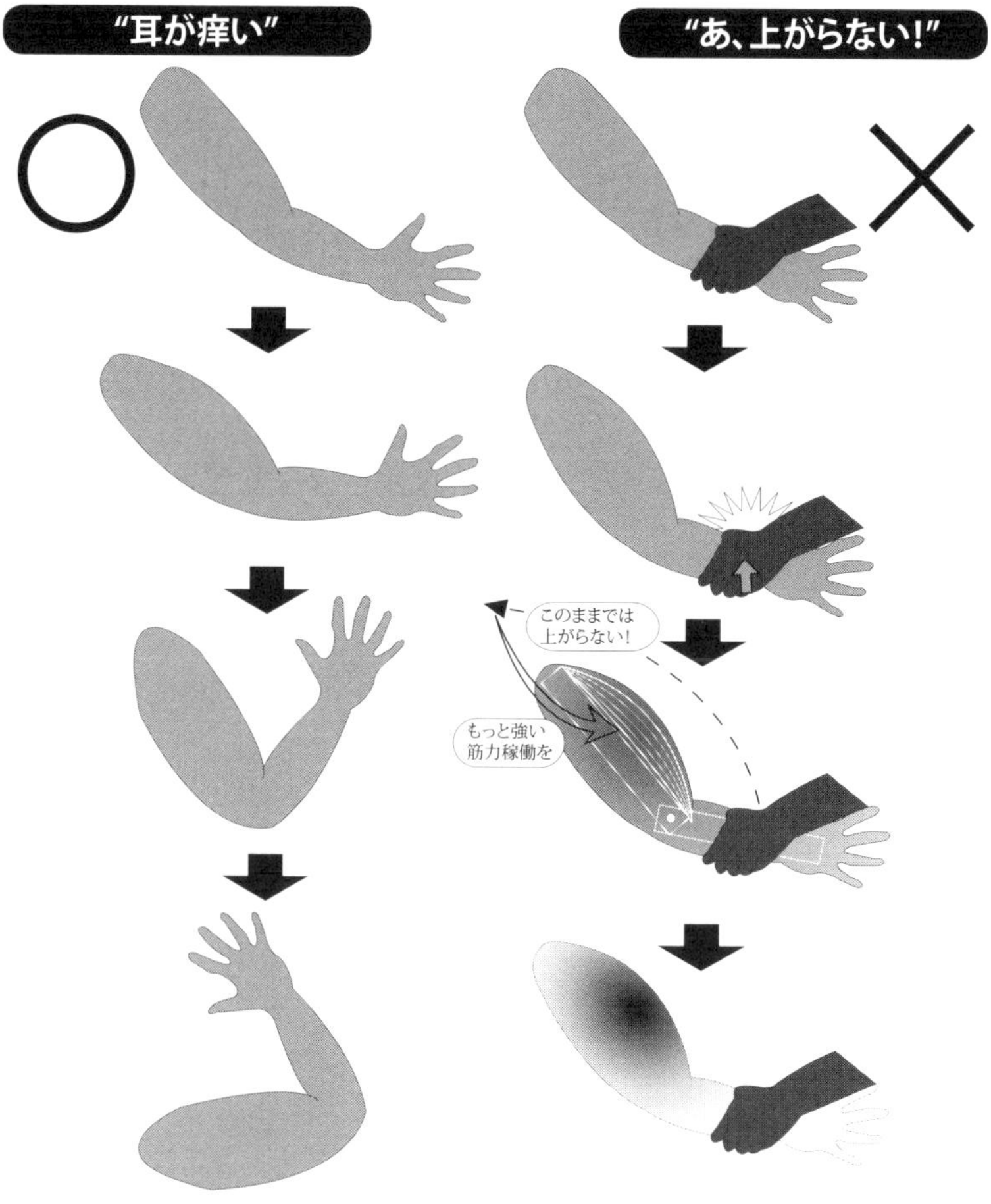

がりません。挑もうとすればするほど弱くなる、というのが八光流の原則ですから」

八光流では、学ぶ者の資質として、何よりも素直さを尊重する。言い換えて〝挑まず、逆らわず、傷付けず〟これが八光流の三大原則だ。この原則は、そのまま〝心的作用〟を言い表している言葉でもある。不必要な対抗反応、威嚇、虚勢、怯え、萎縮……、武術を駄目にし、生活・人生を駄目にもするこれらの要因は、すべて〝心的作用〟によってもたらされていると言っても過言ではないかもしれない。難しそうな仕事だって、ビビる前に耳を掻くくらいにやってしまえば出来る事なのかもしれないのだ。悩まなくていい所で悩むなよ、と八光流の〝心的作用〟は教えてくれているのではないだろうか。

「難しくもありますけど、簡単に言ってしまうと大事なのは心の〝切り換え〟かもしれませんね。一つの所に拘って止まっていては大体上手くいきません。まあ、あんまり考えない事ですよ」

と、宗家は豪快に笑った。一緒に笑いながら、確かにそう出来ればいいのかもしれないな、と思った。どちらかと言えば考え込むタイプの自分をして、素直に受け入れられた瞬間。一歩成長。

さて、〝心的作用〟をテーマとしてスタートした本稿、関わってくる所は実は恐ろしく広範だ（ちなみに、初代宗家は競馬等ギャンブルにすら応用可能な『類推的中法』なる書まで記しているという）。

乞うご期待。

■

相荘厳

第2章

〝大仏様〟になれ！

下ろしたければ〝下ろそう〟とするな

第1章は〝上げる〟動作をピックアップしたが、今回はその逆、〝下ろす〟である。

〝上げる〟動作において重要なのは力を使わない事。少し別な言い方をすると、無意識下に生じてしまう局所的筋力稼働を起こさない、という事だ。

これは八光流におけるすべての動作に共通する、大きな根本原理だ。

これがいかに難しい事かはどなたも想像に難くないだろうと思うのだが、奥山宗家曰く、

「本来なら、こんな簡単な事もないんですよ。だって〝自然〟をそのままやるだけですから」

要するに、自分などはいかに〝不自然〟をやってしまっているかという事だ。

ともあれ、今回の〝下ろす〟は〝上げる〟よりは簡単そうに思えるのだが……。

「もちろんただ一人で〝腕を下ろす〟事に力が必要ない事は誰もがわかると思います。ところが、これが技・技になってくるとそうでもなくなってくるんですよ」

例えば……、と宗家が示して下さったのが〝打込捕〟という技の一部（39頁写真）。

最初の写真は、打ち込んできた相手の右手をとらえ、

両手で持った状態。ここから下方へ崩しをかけていく。

この状態は、大東流系の〝二ヶ条極め〟や合気道の〝二教〟などの類似形であり、中国の擒拿《きんな》術にも見られる形だ。いかにも手首が極まってその激痛に立ち続けられず崩れ落ちてしまう技のように見えるので、ついつい〝手首を極めよう〟としてしまう。つまり、まずは手首を縦方向に捻ろうとする。ここでの運動に荷担できるのは、実は手首だけ。大して大きな力は生まれない。そして今度は、手首は極まらなくとも、と腕の力を使って相手を引き下ろそうとする。こっちの運動に荷担できるのは上腕三頭筋（上腕部の後ろ側の筋肉）だけ。いずれも相手を崩し得るほどの力は生み出せないのだ。

ここでの敗因は〝手首を極めよう〟、〝下ろそう〟と思う事によって無意識下に局所的筋力稼働を生じさせてしまっている、という事。冒頭にあげたそのままだ。

「力じゃないんですよ。手首や腕の力を使ってやろうとしても駄目なんです。ここへ全体重を一気にドーンッと載せていかなきゃならない。〝全身一致〟です。それで初めて崩せるんですよ」

ここも難しい所だ。全体重を載せろと言われると、多くの人は真上から載っかる、あるいは真下へぶら下がるイメージを浮かべるだろう。実はそれは単に〝重し〟としての圧がかかり続けているだけの状態だ。動きも生まれない。武術に必要な〝全体重〟とはそういう質のものではない。

「〝全身を一体化させる〟というと、体のどこかを強ばらせてしまう人がほとんど。でも、本当は〝一体化〟は、全身の力を抜く事によってしかなり得ないんです。そのために八光流で言っているのが、『大仏様になれ』という事なんですよ」

トータルとしては物凄い重量、しかしながら大仏の姿はどこにも、わずかな〝力み〟も感じられない。そして全身一様だ。ムラも方向性もない。大仏を想起してしまったら、どこも力ませようがない。言われてみれば絶妙なイメージだ。

「腕の力でやろうとしてもうまくいかないけど、〝大仏様〟になると、重みが一つになってグーッと入って

相手を“下ろそう”とするほど下ろせなくなる!?

いかにもこれから手首を極めん、という形の次頁写真 01。大東流系の“二ヶ条極め”の類似形ながら、これは相手の手を自分の胸などに密着させた状態なら比較的手首も極めやすいが、実はこういう離した形の手首は極まりそうで極まらない。それを極めようとまずやってしまうのが、手首の力を使って相手の手首を縦方向に捻ろうとする動き（下掲図①)。次にやりたくなるのが相手を下へ引き下ろそうとする動き（下掲図②)。いずれも“手首だけ”“上腕筋だけ”の稼働になってしまい、相手を崩すほどの大きな力は生まれない。“下ろそう”とするばっかりに小さな稼働になってしまうくらいなら、何もしようとしなくていい。これを八光流では「大仏様になれ」と表現した。これによって確実に“全身一致”の状態となる。

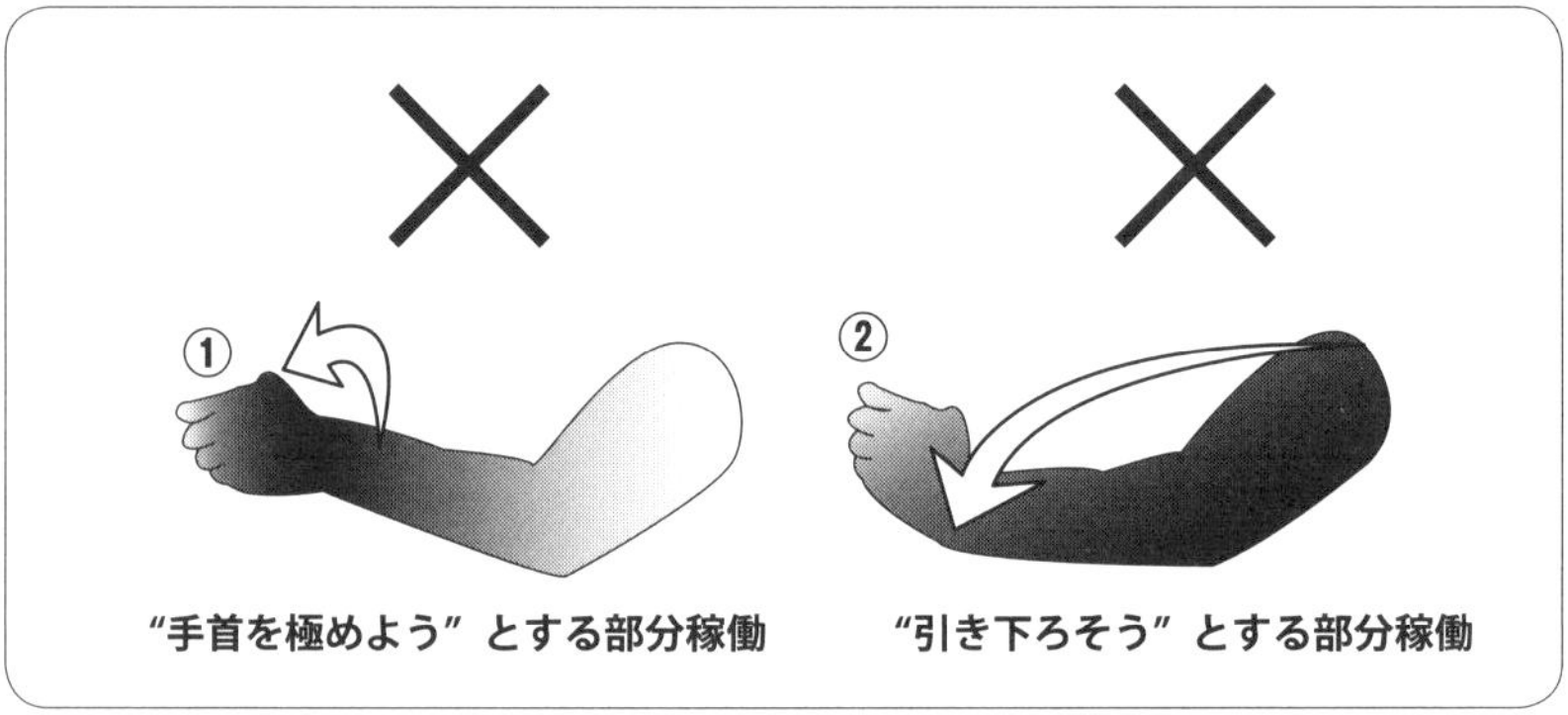

“大仏様”をイメージする事によって全身が一体となる。“全身一体”にしようと意識すれば、得てして身体のどこかを強ばらせるようにしてしまいがちなのだが、“トータル”の巨大なイメージから入る事によってそれを回避している。大仏は動かない、だからこそいい。次頁写真 03 で相手を崩しているのは“力”ではなく、“重み”なのだ。

打込捕

01

打ち込んできた相手の右手をとらえ、両手で持った状態。ここから相手に崩しをかけていくのだが……。

02

手首の力で相手の手首を極めたくなるが、それでは駄目。腕の力で相手を下方へ引き下ろしたくなるがそれも駄目。

03

ごく自然な動作のうちに手首↓前腕↓肘↓上腕↓肩↓体幹と、あたかも一寸刻みに〝重み〟が通じてくる。力でないので抗う事ができず崩れ落ちる。

いくんですよ。力じゃなくて〝心的作用〟ゆえにこそ生まれ得るものです」

宗家は「今、手首です」「今、肘に行ってます」「今、肩口まで行きました」と、徐々に浸透していく重みの到達点を口にする。実際、それにつれて受けの体勢的〝不自由度〟が深まっていくのだ。最終的には床に崩れ落ちてしまった。

「〝一寸刻み〟で入っていかせられるんです。力ならば、それがたとえどんなに大きな力だったとしても、結局手首を折り曲げようとするだけですよね。それがより強く折り曲げる、という事になっていくだけ。八光流の技を作っているのはそういう力じゃないんです」

〝痛さ〟で余計痛くなる⁉

原子レベルに小さなものは〝観察〟しようと光を当てるその事によって変化してしまう。〝観察〟しようとすればするほど変化させてしまい、その瞬間そのままの姿は決して観察できない、というのが量子力学の「不確定性原理」だが、それと似たもどかしさを感じる。〝下げよう〟とすればするほど結果として下げられなくなるなんて！

「意識の置きどころが問題ですよね。この辺、ちょっと、難しいんです。例えばね……」

宗家は門弟の方の胸骨の辺り、ツボで言うと〝膻中〟の辺りに拳の尖った所を当ててグッと押した（42頁写真）。痛みに顔を歪める門弟氏。当然だ。ただでさえここは急所とされているし、左右の胸筋の中間でちょうど肉が薄く、むき出しになっている所。堪えようもない。

しかし、今度は宗家が逆に受ける側になってみると、痛がるどころか、逆に門弟氏を押し込み崩してしまった（43頁写真）。

「この時、意識をここ（当てられている所）に集中させるんです。でも、余計な力をここに集めちゃいけない。それができれば逆に相手が痛くなってくる。急所が急所でなくなってくるくらいでないと駄目なんですよ」

……難しい。集中させるが力ませない。

「怖れがあったり、わずかな痛みにでも無意識に反応してしまえば力みが生じてしまいます、するとそこはさらに〝急所化〟して痛くなってくるんです」

痛いと感じてしまったら、そこへ身体が反応してしまうのは無意識下の動きだ。ある意味仕方なかろう、とも思う。それでも出来る限り、力みのない状態をキープすべく修練していくのが八光流なのだ。

やろうとすればするほどにできなくなる。今回の話は何とももどかしいパラドックスのようだったが、では、やろうとしなければ逆にできてしまうのか、という疑問が浮上してこないだろうか。もちろん、そんな事はないのだが。

ムキになっても、必ずしも良い結果は導かれない。それは、何かを見失っているままに、そのままムリヤリ進もうとしているからなのだろう。目的に向かってムキになったり、闘争心を燃やしたり、もし報われなかったらと先回りして怯えたり、どれも人間ならば当然ある事だ。しかし、そこでぐっと不動の心で冷静に状況を見やる事ができたら、そうしたら随分違ってくるのではないだろうか。そんな所へ、八光流という武術は導いてくれようとしているのだろうと思うのだ。

しかし改めて思うのが、本稿のテーマたる心・意識の問題の難しさ。宗家はさっき「集中させる。でも力は集めちゃいけない」と仰った。

皆さんはどうだろうか。少なくとも自分は意識を集中させると、大概力んできてしまう。という事は、〝集中〟の質が微妙に間違っているのだろうか。

宗家、〝集中〟と仰ったのは、いったい何を、どのように集めていくんですか?

「うーん……ここで端的に言葉にするのは難しいんですよね。追ってご説明していきますよ。わかりやすくね」

■

“痛い”という身体反応が余計に身体を“痛く”する

胸骨の辺りの肉の薄い部分。ここに拳を当てて思いっきり押し込むと、耐え難いほどの激痛が走るはず。

01

02

しかし、宗家は痛くないどころか相手を逆に押し込んで崩してしまった。別に宗家が並はずれて〝我慢強い〟訳ではない。宗家曰く「力が抜けていれば痛くないんです」。しかし、ここここそが一筋縄ではいかぬ曲者。むき出しの部分ゆえ、ほんのわずかな力でグリッとされただけで痛みが走る。するとそこを防御すべく無意識に力んでしまい、結果として余計痛みを生じさせてしまう身体になっていってしまうのだ。力みは、実際に接触する前から生じる〝恐怖心〟〝警戒心〟からも生じてしまう。だからやっかいなのだ。過剰反応せぬ不動心が必要……やっぱり〝大仏様〟か?

01

02

第3章

〝逆らわない〟から技になる！

〝皆伝技〟の深奥

第1章で〝上げ動作〟、第2章で〝下げ動作〟を題材とし、これらは上げよう下げよう、という意志を極力排除する事によって初めて強大な力を生み出せる、という不思議なメカニズムをご紹介した。今回はちょっと視点を変えてみたい。相手方の問題だ。というのも、先立ってこんな技を見せられたからだ。

　宗家の手首を掴んで殴りかからんとする門弟氏の動きが、一瞬、どうしても立ちゆかなくなる。これは第1章でもチラリとご紹介したが、その時よりもより一層、宗家の動きは小さくなっている。もはや〝何もしていない〟と言ってもいいくらい。もう一つには、両手を掴んだ状態から蹴りに行くのだが、やはりその蹴りが立ちゆかなくなる（次頁写真参照）。

「これは手首を極めている訳じゃないんです」

それは見ているだけでもわかる。掴まれた宗家の手はほとんど何もしていないに等しいのだから。

「八光流の技には一般技、師範技、皆伝というような段階がありますけど、これは皆伝技のレベルです。師範技ではここまで教えません」

　おっと、ヤバそうな領域。注意しないと。……そ、それは一体どういう事をなさっているんですか？……

相手の動きがなぜか止まる！ “逆らわない”から為せる、不思議なコントロール術

右列は片手首を掴みながら殴りかかろうとしてきた相手の動きがピタリと止まってしまう例。左列は両手首を掴みつつ蹴ろうとしてきた動きがなぜか立ちゆかなくなる例だ。手首から相手の全身をもっと物理的に極めてしまう方法もあるそうだが、ここでの奥山宗家はほとんど動いていない。“逆らわない”事によって相手内部へ入っていき、“逆らわれない”ゆえに仕事のしどころを失いつつある相手の動きの大元を断ってしまう、高度なコントロール術だ。

攻撃は"逆らわれる"から成立する!?

攻撃はその対象がなければ成立しないのは当たり前だが、実は対象の"抗反応"をも前提として存在している。つまり、抗うなり避けようとするなりの"抗反応"を感じつつ、微調整しながらこそ為され得るのだ。"逆らわない"相手への攻撃は、必然、立ちゆかなくなる。前頁例での奥山宗家のアプローチはそこからさらに相手内へ入り込み動作の基点にまで及んでしまっているため、動きを完全に止める事ができているのだ。

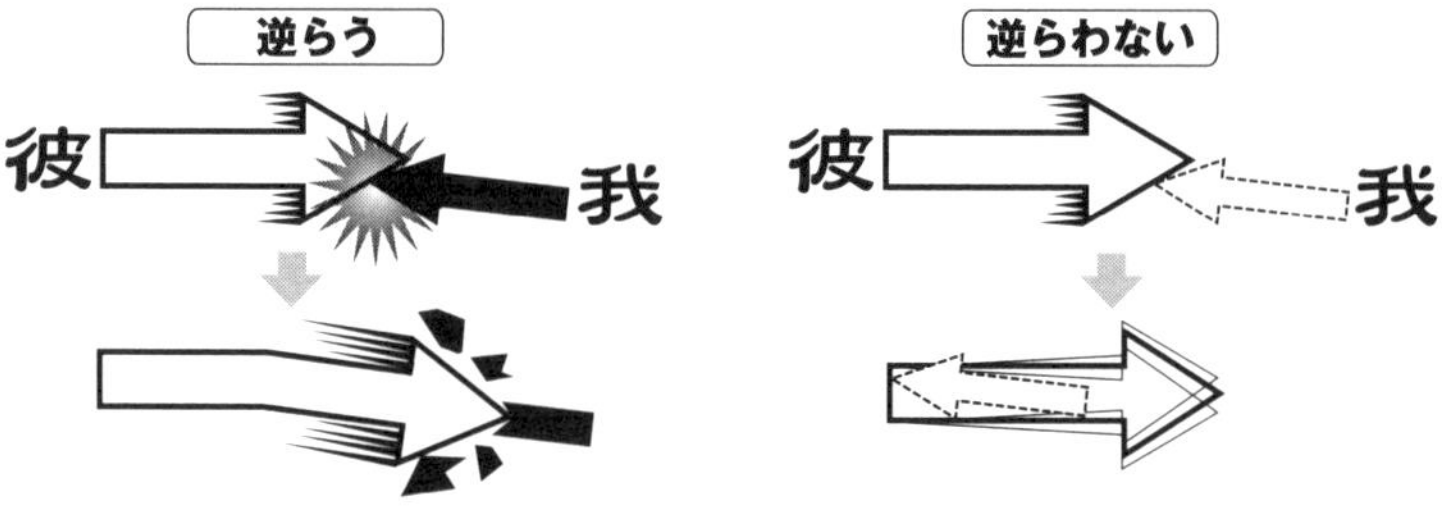

どうして殴れなくなったり蹴れなくなったり……。

「そんなに恐る恐る聞かなくても大丈夫ですよ。ただ、ここで起きている事を言葉で説明するのは本当に難しいんです。八光流をやっていない人にも伝わるレベルの事から言うと、まず、力んじゃ駄目だという事ですね。八光流では力んだら負け」

これはわかる。本書の第1章、第2章でもやった事だ。力んでしまったら、固まってむしろ不自由になる。不自由な者は相手の技にかけられてしまうのが道理。

しかし、力むのは何も力ずくで何かをしようとする時ばかりじゃない。恐怖が人を瞬間的に硬直させてしまう。ましてや両手を掴まれて蹴られようとした時なんて"うわっ来た！"とビビるに決まってる。自分ならそうだ。

「やっぱりそこで肚が座ってないと駄目なんですよね。肚が座っている、というとけっこうなレベルに聞こえてしまうんですけど、まずは相手に逆らおうとする発想を捨てる事ですよ」

そうか、逆らわないなら確かに怖れる必要もない。

対立関係でない訳なんだから。と、言うほど簡単ではないのだが。

「もう一つ言うと、ここでは相手が左手で殴ろうとしてきたからこう、とか、右足で蹴ろうとしてきてるからこう、という風に反応してる訳じゃないんですよ。だから、目を瞑っていてもできなきゃならないんです。感覚でわからなきゃならない」

なるほど、おそらくここでは究極的な〝相手との一体化〟が行われているのだ。逆らわない、だからこそ、何が来ても避けたり抗ったりするのでなく、スッと入っていける。……あ、と気付く。相手が殴れなくなったり、蹴れなくなってしまっているのは、宗家に入ってこられてしまっているからだ。

「そうそう。そういう感覚ですね。結局、相手にしてみれば手応えなり、反応なりありきの〝攻撃〟な訳です」

攻撃が止まってしまう、その深い所にある理由が何となくわかった気がした。掴むにしても、殴る蹴るにしても、攻撃する側はそもそも抵抗されるなり避けられるなり、当たったら当たったでその手応えなりを想定してきているのだ。それがないとしたら、仕事にならない。攻撃対象が〝逆らわない〟ばかりに仕事がさせてもらえず、いつの間にか自分の中に入ってこられたあげく足元を抑えられてしまっている、そんな状況に至る。

「通りすがら、いきなり殴りかかってくるような輩もいる訳です。それに反応するんじゃ、絶対に間に合わないんですよ。だから〝逆らわない〟という前提が大事なんです。それで〝常に負けてるような状態〟だからこそかけられるのが八光流の技なんです。だから、相手がいくら強かろうが関係なくなるんですよ」

〝金縛り〟

〝相手がいくら強かろうが関係ない〟

武術を志す者なら誰もが夢見るそんな理想が実在するのだ。〝関係ない〟と思える余裕が持てるなら、あえて〝逆らわなければ〟とも思うまい。ニワトリが先かタマゴが先か？〝心的作用〟の世界は深い。

しかし、改めて振り返ってみると、理屈はわかってもやっぱり不思議な技法だ。見かけ上、相手には何の障壁もないように見えるのに、動けなくなってしまう。それは〝痛み〟なんですか？と聞いてみた。何しろ〝痛み〟は八光流の代名詞だ。

「これは〝痛み〟ではないですね。〝金縛り〟のような状態までもっていくんですけど、〝痛み〟でコントロールしてる訳じゃない。ここでは苦痛は手段ではないけど、結果として生じてくる場合はありますね」

と、宗家が示して下さったのが次頁写真の皆伝技。後ろ手に絞り上げられた体勢からあっという間に逆転。引き上げられる力に逆らおうとしても、こちらがよほど相手を上回る筋力がない限り無理だ。

〝逆らわない〟からこそ、誘導してゆけるのだ。

特筆すべきは最終体勢だ。相手は自らの力で宗家の手首を掴み続けるまま、自らの腕で自らを締め上げるような格好になる。しかもこの体勢のまま、いつまで経っても脱出できないのだ。

「これは言ってみればこちらから技をかけようとしている訳じゃないんです」

逆らわない者を相手にした際起こる〝心的作用〟の結果なのだろう。あまりにさりげない宗家の一連動作が逆に恐ろしかった。

今回のテーマ〝逆らわない〟という事の意味を、改めて考えさせられた。自分なら〝逆らわない〟というと〝流れに沿う〟事と考える。そして、流れに沿おうとしてしまう。そんなこざかしい策略の末路、結局齟齬が生じてしまうのだ。しかし、宗家の動きからはそんな小さな意図すら感じられなかった。

もちろんまったく意図無くして武術になどなり得ない。意志無き人生が無意味なのと一緒だ。しかし、どうもその〝意志〟をはき違えてしまっている事が多いような気がする。無駄にあがき、無駄にストレスを抱えてしまっている気がするのだ。

■

皆伝技　立逆五固（たちぎゃくごがため）

01

02

03

04

05

06

07

08

両腕を後ろに絞り上げられた絶望的な体勢から、その相手の力に抗わないゆえあれよあれよという間に前方へ誘導してしまう。その結果当然重心を崩してしまう相手は手首を掴んだまま、自らの両手で自分を縛ってしまうような格好に極め上げられてしまう。写真08を見ればわかるように、奥山宗家の手首を掴んでいるのはあくまで自分自身の意志であり力。それなのに離脱できないという奇跡のような皆伝技。写真08の体勢のまま脱出できない門弟氏はみるみる顔面を紅潮させていった。

第4章

何もせず、ただ落ちよ

急場をいかに!?

残念ながら〝護身術〟への需要が高まる昨今、問題になるのは決まって「実際に使えるのか？」という所だ。

これは実は護身術のみならず、武道、スポーツ格闘技にも共通するある一つの要因が、結果を左右する重大な分水嶺となっている。

それは〝突発状況でも思うように動けるか？〟という事。平たく言えば「ビックリしても固まらないでいられるか」という事だ。

「力まない、というのが八光流の原則ですからね。どんな時にも絶対に力んじゃいけません」

と、宗家がおっしゃるのはよくわかるのだが、それでも突発状況には瞬間的に力んでしまうのが人間だと思うのだ。それを何とかするためには……？

「それを会得するために修行していく訳ですけどね。もちろん簡単ではないんですが、コツはあります。まずは〝逆らう必要がない〟っていう事をきちんと認識する事ですよ」

突然誰かに何かをされたら、その瞬間、「まずい！」と感じてしまう。おそらくここで力みが生じてしまうが、「別にまずくない」、別な言い方をすれば「このま

“落ちる”は簡単！

背後からガシッと抱きつかれた状況。両手を「八」の字に開いたかと思うと、ストンと身を落として脱出成功。何をどうするでもなく“ただ落ちるだけ”の脱出法は極めて簡単。この簡単さこそが急場に力を発揮する。

ま委ねていてもかまわない」と思えれば、力みは生じない。それ自体やっぱり難しいのだが、逆らう事が現状打開の最適手段ではない、と頭や体で理解できていれば、だいぶ違う気もする。

「例えば女性が後ろから男性に抱きつかれた時、絶対無理だとわかっていてもその締め付けに逆らって開き解こうとしますよね。本当はもっと簡単に脱出できるんですよ」

締め抱えられた女性が両手を「八」の字に開く。「八」の字なので上腕部の開きはごくわずか。締め手を開き解くまでには到底及ばない。……と思っていると、女性がストンと体を落とす。あまりにもあっけなく脱出が成功した（上掲写真参照）。

「ほんのわずかな隙間が出来さえすればあとは落ちるだけなんですよ。力まず逆らわずただ落ちる、と思っていればいいんです。逆らおうと力んでしまうと逆に持ち上げられてしまう。そうなってしまってはおしまいですからね」

確かに落ちるのに力は要らない。〝ダラッ〟と委ねればいいだけなので簡単だ。突発状況でもそのくらいできるかもしれない。

しかし、そんな急場に〝ダラッ〟で本当にいいのかとも思えてくる。言ってみれば死んでるみたいなものじゃないか。逆らっては駄目と言われてもされるがままじゃまずいんじゃないのか。

……という意味で、今ひとつ〝ダラッ〟が信用できないのだが……。

〝落ちる〟強さ

「例えば、手首を掴まれて引き込まれそうな場面。体重でも力でもかなわなければ、どうしても持っていかれてしまうだろう、と思いますよね。実は持っていかれるのは敵わない力をそれでも使おうとしてしまっているからなんですよ」

引っぱり込まれようとしているのを防ぐには引っ張り返すしかない。たとえ敵わぬ力でも。それが駄目か。

「そうすると、例えば相手の体重の方が上だったら、逆にその力で自分の身を相手方に寄せていってしまう結果になるんです」

うーん……おっしゃる通りなのだが、それではもう物理的に無理だという事なのか。体重は増やせない。

「ダラーンと力を抜けばいいんです。相手に完全に預けてしまう感じです。力まなければ腕も重力に任せて落ちてくるでしょう。それだけですよ」

〝それだけ〟と宗家はおっしゃるが、「それだけじゃなかろう」と勘ぐりたくなるような現象が起きた。女性が逆にスルッと男性を引き込んでしまったのだ（次頁写真参照）。

体格的には大の男なら片手で持ち上げられそうなくらい華奢。見た目がすべてではないかもしれないが、この腕の細さでは大きな筋力は生み出せないだろう事は明らかだ。間違いなく筋力ではない。〝落ちるに任せる〟だけでこんなにも大きな力が生み出せるのか。

……ん？　そもそもこれって生みだしているのか？

“引っ張らせない”ためには“落とす”べし!

手を取られ引っぱり込まれないためには、まずその腕を“委ねきって”しまう事。重力のままに肩、肘を落とせば、結果として相手を逆に引き寄せてしまうほどの力が生まれる。

「一人で水平に伸ばした腕を脱力したら自然に真下に下りますよね。これはそれだけの動作です。日常動作それだけとも言える、無駄がないだけの動作。それが最も強いんですよ」

引っ張り込まれそうになっている所へすべき対処は「引っ張り返す」ではなく「ただ委ねて落とす」なのだ。こんな簡単な事もない。ある意味「何もしなくていい」とも言い換えられる。

よく考えると、40キロの錘に紐がついたようなものがあったとしたら、それを容易に引っ張り込めるものだろうか。否、だろう。力まず重力をそのまんま味方にしてしまっているような存在は想像よりもはるかに強いのだ。

「ただ委ねて落ちればいい」という教えは非常に実戦的だ。そしてここには心理的要因も大きい。もしこれが「急場は上昇すべし」という教えだったら、身構え、力まずにはおれまい。

八光流は楽な方向へ向かうようにできている。それはそれが自然で強いからだ。日常動作それだけ、というのはそういう意味でもある。八光流では「相手に対してこういう角度で〜」などといった見かけ上の相対性を検証していく事よりも、自然できれいなおじぎや無駄のない手下ろし動作ができる事の方がはるかに重要なのだ。

「物理的に無理ではないか」と一時は思ったが、八光流の奇跡は物理的にこそ成立していた。いささか見えにくい物理ではあるが。

いつでもできる技とは⁉

手首を取られた状態をどうにかする、というのは八光流の技法においても非常によく見られるもの。技の流れの中で見るとあまりにさりげなく行われてしまっているので見逃してしまうのだが、実はこういう事が行われていたのだな、と納得。

手を引っ張られる所から始まる技法二例を宗家に示していただいた（56、57頁写真参照）。

初段技〝横片手押捕《おさえどり》〟では、まず自分の身を相手に寄せていく事によって引き崩されそうな危機状況をクリアしている。これがまず基本。必須は膝行。

同じシチュエーションが三段技〝横捕〟では、立場的に優位のはずの立った相手を逆に引き込み崩してしまう所から始まる。もちろん腕力で引っ張っている訳ではない。例のヤツである。

奇跡のごとく目に映る八光流の技は伊達ではなく、容易にはたどりつけない世界ではある。しかし、そもそも〝護身〟を掲げている流儀だけあって、その本質は誰にでも当たり前のようにでき得るものなのだ。そういう観点から今回のテーマ「何もせず、ただ落とす」を鑑みてみると意味深い。

護身というものを考える場合、冒頭にあげた通り「実際に使えるのか」は重要な問題となる。そんな時、「もしこうきたら」「はたまたこうきたら」と様々な状況設定の検証を積み重ねていくのも一つの方針ながら、「何もせず、ただ落ちよ」という原理的心得を胸に刻んでおく方が、はるかに有効なのかもしれない。手を持たれて引き込まれそうな場面で引き込まれずにいられる。これが可能なだけで、危機回避率は跳ね上がるはずだ。

〝落ちる〟なんて簡単。いつでもできる。それこそが自然なのだから。■

左掲二例は、ともに横から手を掴まれ引っぱり込まれようとした所への対処。体を崩すほど引っぱり込まれてはおしまいなので迅速な対応が求められる急場だ。まず初段技〝横片手押捕〟では、膝行によって自ら身を寄せていく事によってコントロールしていくが、三段技〝横捕〟では自らは移動する事なく、相手を寄せ崩している。この操作を成立させているのが「何もせず落とす」なのだ。

初段技 **横片手押捕**

座した状態で立った相手に右手首を掴まれ、引かれる。その瞬間取られた手を“八光”に開き、膝行にて相手方へ移動しつつ左手で相手手首を取って差し上げ、手首から体を制する。後方～逆方へ誘導し（持ち回し）、取られた右手を引き離しつつ左手で下方へ投げ落とす。

01

02

03

04

05

三段技 **横捕**

座した状態で立った相手に左手首を掴まれ、引かれる。その瞬間、取られた手の脱力によって肘を落とす要領で相手を逆に引き込み崩す。取られた左手をそのまま外から回し、相手手首を極め落とし、引き倒した後、相手肩口を膝にて制す。

第5章

〝八光〟に開く

意識しないために、意識すべき事

手を掴まれたら、手を〝八光〟に開くべし。これがある意味八光流の代名詞的な教えなのだが、一般的に、ここに少々誤解があるらしい。

〝八光〟というと、光が八方向にパァーッと広がる様が想像できるので、五本の指を思いっきりパァーッと広げて張った手が「〝八光〟に開く」だと思われている節があるのではないだろうか。と他人事のように書いたが、自分自身こそがそう思い込んでいた。何度も取材させていただいているのだが。

「それはそれで力を入れないとできない手ですよね。

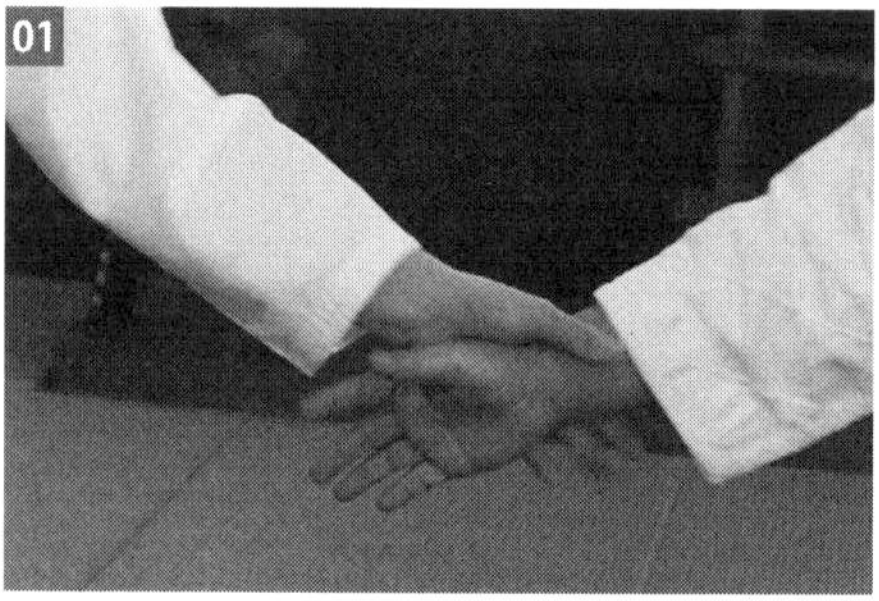

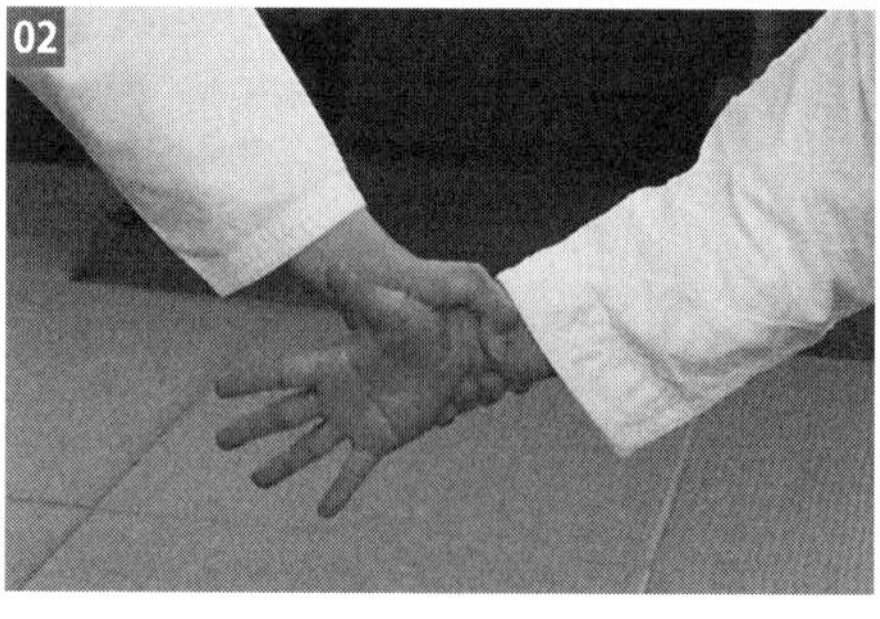

手首を掴まれた瞬間にその手を開く。〝八光に開く〟と表現される、八光流における基本操作。

それでは駄目なんです。力を入れない事が大前提。自然に、均等に指を開きます。それが『〝八光〟に開く』です」

そうか、確かに光は偏りなく広がる。手は自由度が高い部位ゆえに、均等に力を抜くのは難しいのだ。というよりも、均等でなければ真に力がぬけてはいない、という事か。

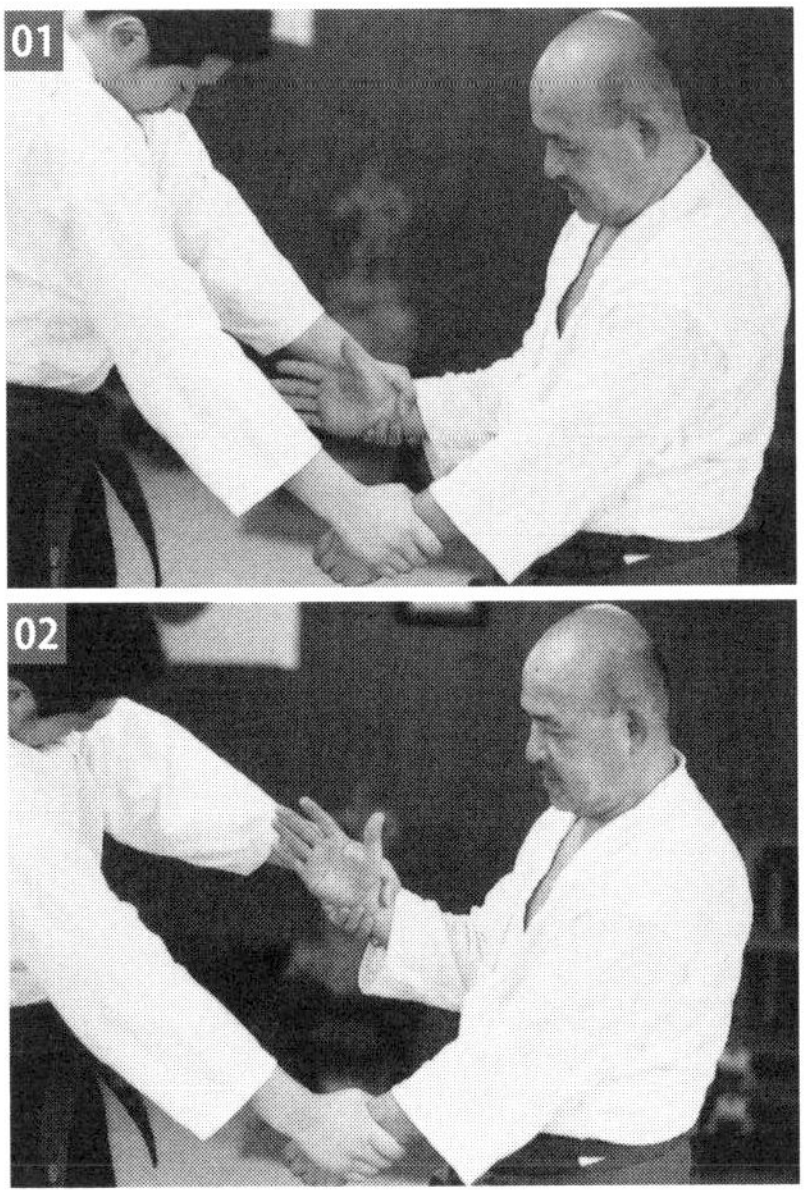

第1章で「耳が痒い」という気持ちでやれば上がると紹介した〝八光捕〟。「耳が痒い」によって掴まれた手自体から意識をそらせられる所がポイント。

さてそれでは改めて。「〝八光〟に開く」意味はどこにあるのだろう。パァーッと開いて前腕を張るのが目的だと思っていたが、そうではないとすると……。

「例えば掴まれた手を動かしたい。でもこれを力でやろうとしてもぶつかり合いになってしまって駄目。別な言い方をすると、掴まれた所を意識するとどうしても力が入ってしまうんです」

第1章では、〝八光捕〟を例に、掴まれた所を意識しないため「耳を掻こう」と思ってやる方法をご紹介した。

『〝八光〟に開く』は〝八光捕〟でも実はまず行っていたんですけど、掴まれた所を意識しない、力を入れてしまわないためには、機械的に掌を開く事が非常に有効なんです。人間は意識して、そこに力を入れようと思うと無意識に拳を握るように出来ているんです。だからそこを機械的に解除してやる事が有効になってくるんですよ。もちろん形として握りつつも力を入れない、というのも、その逆も可能ですけど、基本構造としてはそうなっている。そこが無意識下なんです」

では力が抜けた手で何ができるのか？　それがかなり恐ろしい事ができるのだ、というのが左掲写真の例。

これまた代名詞的な名の技〝八光投〟だが、この技、実速で見るとさほど思わないのだが、連続写真で見ると、「投げられる前に手を放せばいいんじゃないか」と思えてくる。ところがどっこい。放せないのだ。

握るのでも張るのでもない自然な状態、「〝八光〟に開く」によって、手自体が〝逆らわない手〟になる。これは相手との関係性の話で、重要なのは掴んだ相手側の感覚。逆らわれないので、まったく違和感を受け

皆伝技　八光投

掴まれた両手を〝八光〟に開き、そこから相手の両腕を交差させるように極め、自由を奪いつつ投げる皆伝技〝八光投〟。実際に見ると一瞬の事なのでむしろ自然に見えるのだが、このように連続写真で見ると、「途中で放してしまえば投げられないのに」という疑問が浮上する。その秘密こそが〝八光〟に開いた手にある。力の抜けた手、つまり〝逆らわない手〟が成立しているため、掴む感覚自体に違和感がない。凄いのはその先で、実際にはその掴んだ手に誘導されていく（動かされていく）にも関わらず、その動きの中でも違和感がないままなため、放せなくなってしまっているのだ。通常は他者を動かそうとすれば力によるため、そこにぶつかりが生じ、それに対して逆らうなり放して逃げてしまうなりの対応する〝きっかけ〟が発生する。その〝きっかけ〟がないのだ。

03

04

05

06

ないのだ。挙げ句の果て、さんざん動かされているにも関わらず、その動かされている中でも握り手には違和感がないので、掴み続けるしかないのだ。傍から見る分には信じがたいが、実際の掴む感覚がそうなのだから仕方がない。放すきっかけがない、という感じだろうか？　力で来てくれれば対処のしようもあるのに……という感じ。

ともすればやらせ扱いされかねない達人技、実はこんな所に秘密が隠されていたのだ。

開手だからできる事

「開手だと相手の手の内に密着します。それも相手をコントロールしていくのには重要な事ですね」

下掲写真は、二段技〝手刀絞〟。極められている側の手が放せさえすれば解ける訳だがそれができないのは、前項の「違和感がないから放すきっかけがない」というよりはこの〝密着性〟の問題になってきている。

〝手刀絞〟を手刀を斬り下ろすのでなく拳で鉄槌を落とすようにやると極まらない。実際にそれを示して下さる宗家の手を見て、改めて不思議に感じた。力が入る入らないの問題でなく、もっと根本的な形自体が違っているように思えてきたのだ。もちろん手を開く閉じるの違いは当たり前にあるが、それ以外の何かだ。何か性質の違い、というか……。

64〜65頁の写真は、四段技〝後八光捕〟。今回は〝八光〟技づくしである。

後ろ手に捻り上げられた形の両手をまず〝八光〟に開き、そこから大逆転をはかる奇跡の技。なのだが、このうち手を前に持ってくるまでの動作（写真1〜5

二段技“手刀絞”。この技を開手でなく握った手で行おうとするとなかなか極まらない。

コマ目）は第3章でご紹介した皆伝技〝立逆五固〟でも出てきているので、改めて驚くのはやめておく。驚きではあるが。

それよりも驚き、というか、意外に感じたのが最終部の極め形。

立った状態のまま手首・肘・肩を極め上げてしまうのだが、ここで相手腋下に差し入れた腕……が、開手でなければならないと宗家は仰るのだ。

ただのかませ棒ほどの役割に見えるし、どっちでも変わらないのでは……と思ってしまうのだが、それが違うとの事。

「手は後ろ方向（相手の方向）へ向かわさないと極められないんですけど、握った手だとこれが行かないんです」

この動きと差し上げる動きが合成され、結果として相手の胴部をえぐり上げるような手の動きになるが、確かにこの動きを拳を握って行おうとすると微妙にやりにくい。そもそも、掌を後方に向けた腕の状態で拳を握ると、それだけでどこかに〝無理〟を感じる。

おそらく、手を開いているか握っているかによって、手首〜尺骨・橈骨と前腕部の筋肉の状態、そしてそれに伴っての肘〜上腕部の状態が運動性の意味合いにおいて大きく違ってくるのだろう。手刀なら斬り進めるが拳では立ち行かない……これはどうも、イメージ上のたとえだけなのではなさそうだ。

さまざまな場面で功を奏す「〝八光〟に開く」。ならば、少々乱暴ではあるが、「いざという時は〝八光〟に開く」とインプットしてしまえばいいのかもしれない。いざという時に迷ったり固まってしまったりしない、というのは〝心的作用〟上の大きな課題だ。だから、もう、開けばいいのだ。拳用法を捨てる事にはなるが。すると宗家、「いいんじゃないですか。握って力を込めても良い事にはなりませんし、拳でできる事って、殴る事くらいになっちゃうでしょ。殴る殴られるって、あんまり人を幸せにしないんですよね」

なるほど。八光流の三原則にも確かにあった。

〝傷つけず〟……だ。

■

四段技　後八光捕

後ろ手に両腕を捻り上げられた絶望的な状態のはずが、あれよあれよという間に誘導してしまう奇跡の逆転技〝後八光捕〟。この誘導が為せるのも、実は方向づけ特性に優れた開手ならではのもの。同じ事を握った手でやろうとすると途端に難しくなる。特に最後の中空極めで相手腋下に差し入れた左手が〝八光に開いた手〟である事が重要。

01

02

03

04

05

06

07

08

09

10

11

12

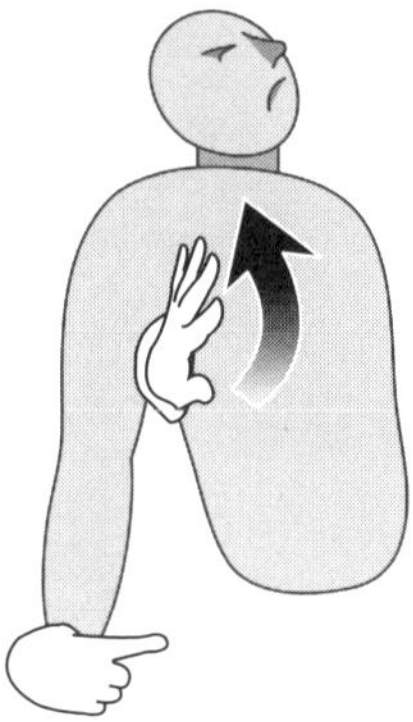

“後八光捕” の最終部は、相手腋下をえぐるような方向に差し上げる腕の動きがあってこそ極まる。これを開手でなく拳を握った状態でやろうとすると途端に極まらなくなるのだ。僅かなようで大きい、腕の自由度の違い。

第6章

〝痛み〟の秘密

〝触圧離〟で技が効く!?

ある意味、八光流の代名詞とも言えるのが〝激痛系〟の技。

とくに、そんなに痛そうにも思えない、あまりにも何でもない形から心の準備もないままに効かされる技は、それこそ〝心的作用〟からなのか、めちゃくちゃに痛い。

三段技以上より登場する〝雅勲《がくん》〟などはその極みだろう。何しろ手首をそっと掴まれるだけなのだから。

そして、どう考えても大した力をかけられていない事は体をもってわかる。だから不思議なのだ。

「八光流の技は力ではかけません。雅勲の手も、ガシッと握り込んじゃ駄目なんです。こう、スーッと……」

前腕上部（肘付近）に軽くあてがった手を滑り下ろしてくる宗家。滑り下りるくらいだから、本当に軽く当てているだけだ。そしてそれがやがて手首の上辺りの所でピタッと止まる。

「この、引っかかった所でかけるんです。力じゃなくて引っかけてるだけなんですよ」

宗家がほんのちょっと手の角度を変える。耐え難い激痛が走り、思わず腰から崩れ落ちる。わかっていて

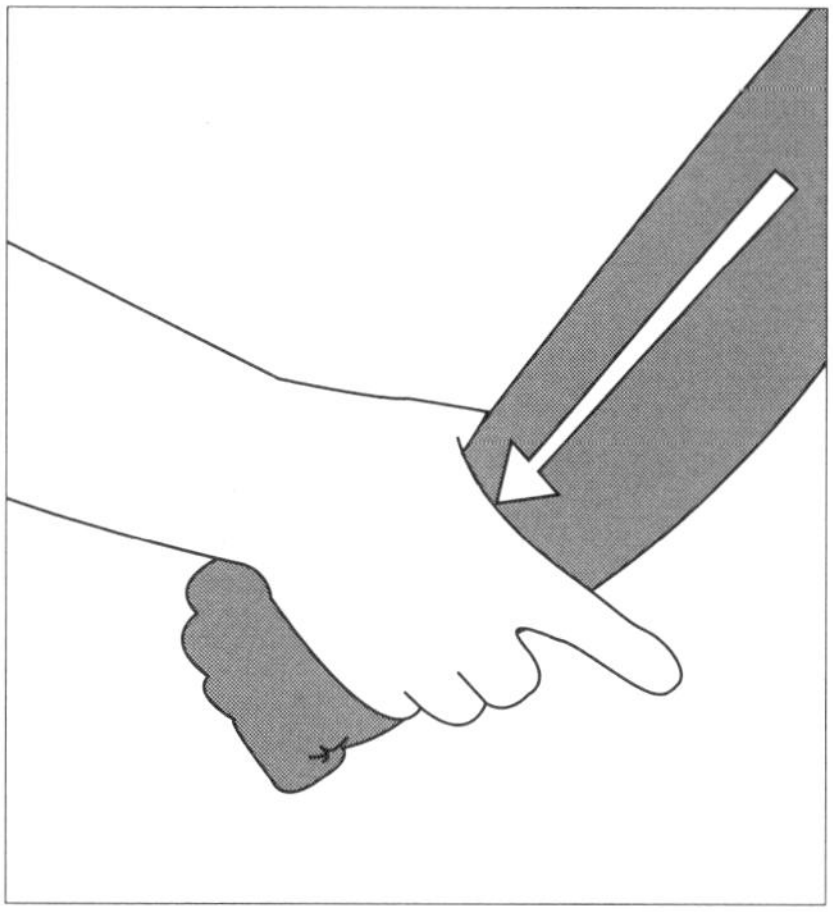

“雅勲”のかけ手の要領。力で握り込まず、上からスーッと滑らせていって止まった所がかけ所。いわば引っかけているだけ。サーカスの空中ブランコ等でのホールドも実はこんな要領らしい。力めば強力、とは限らないのだ。

も、痛い。これは。

引っかけるだけであれだけ痛いのだからきっととんでもない〝急所〟なんだろうと思いきや、それがそんな事もない。

場所で説明すると「手首外側にある骨の出っ張りのすぐ上」くらいの所なのだが、ためしに自分でそこをグイグイと押してみてほしい。大して痛くないはずだ。

「〝雅勲〟が痛い条件として、相手がこちらに抗おうと力んでくる事。力む事によって相手のその部分が急所化するんです。もう一つ、かける側にももちろんコツがあって、それもまず、力まない事」

ここの所は、もしかすると八光流すべての技に共通する構造かもしれない。〝力む者に、力まない者が勝つ〟図式になっている。

「使っている（当てている）のは、この人差し指根本の内側部分、ここだけなんです。それをもって、決してグイグイとは押さない。一瞬だけです。これは指圧の要領と一緒なんです」

言わずと知れた、八光流の併伝療術「皇方指圧」。

三段技　雅勲

ただ軽く掴んでいるだけ、な所が曲者な〝雅勲〟。それだけで恐ろしいほどの激痛が走る。宗家はまるで何もしていないかのようだが、この瞬間何が起きているのかは、受けをとって下さっている門弟の大川氏の、3コマ目の表情から察していただきたい。

01

02

03

01

02

03

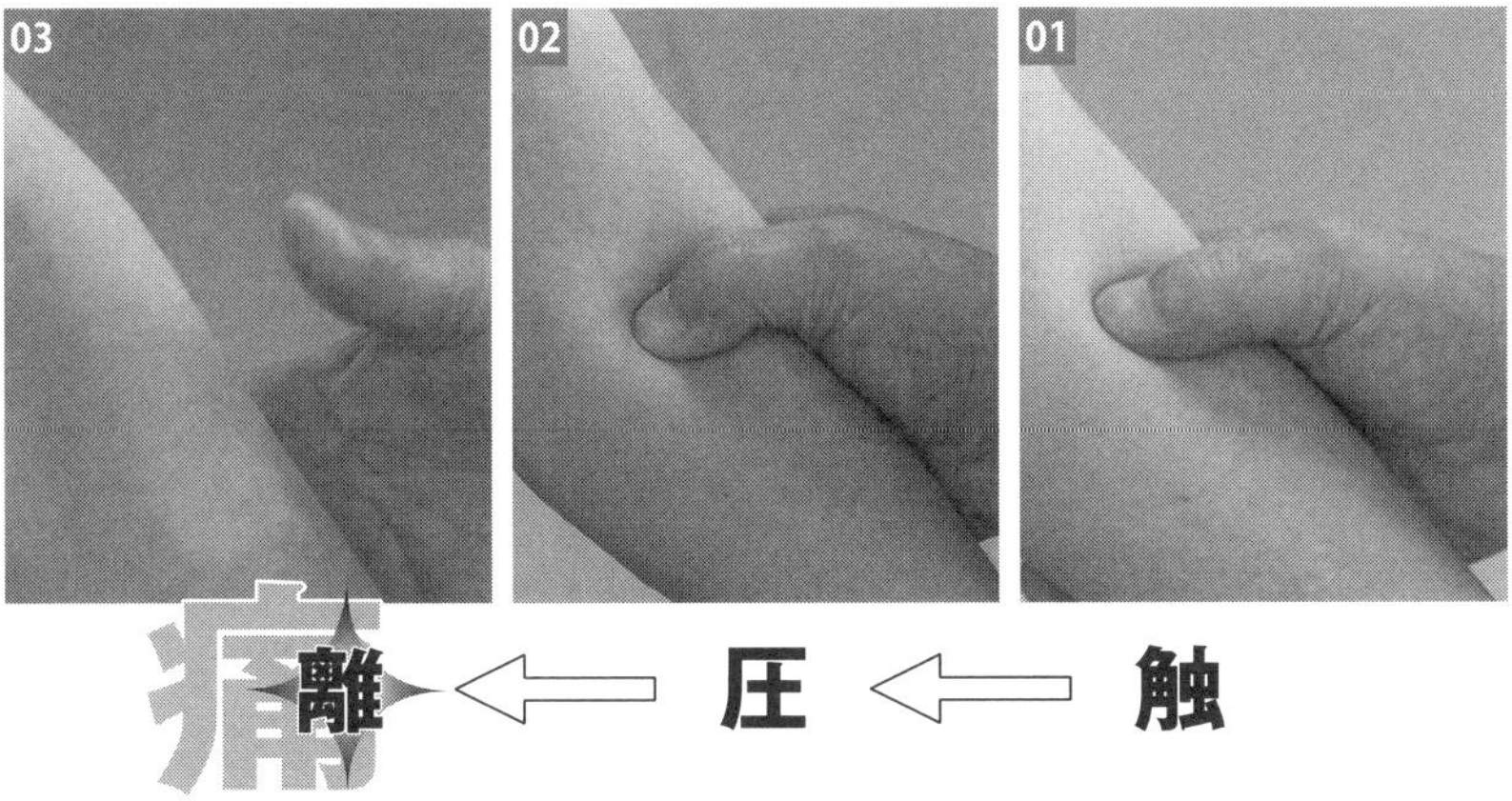

“皇方指圧”における3プロセス。まず触れて、そこを圧し、離す瞬間に痛覚への働きかけが起こる。力をかけている「圧」でなく、「離」が痛い、というのも何だか不思議な感じ。武術の技で言えば、対象への執着（居着き）が起こらない、というメリットもありそうだ。

もちろん体を良くするために行うものだが、これはこれで〝激痛系〟。武術の技としても十分成立するほどの痛みが伴う。

「指圧はやはり力でかけちゃいけません。腕力でなく〝腹圧〟が重要になってくるんですが、そう聞くと得てして腹に力を入れてしまいがちなんですけど、それも駄目なんです。『腹には力の消極の面があり、背には力の積極な面がある』という教えがあります。だから腹だけに力を入れてしまわないために、皇方指圧では『正息《せいそく》の法』を学ぶんです」

正息の法を簡単に説明すると、まず1で胸郭を拡げ腹部をへこませるようにして静かに吸気し、2で腹を膨張させせつつ静かに呼気、3でさらに呼気、というもの。1で自然に腰に力が落ち、2で自然に腹に力が落ち、3で腰腹同量の緊張が実現する、という3プロセスによるものだ。無理に力を入れるのではなく、腹なり腰なりに自然に力が落ちてくる、という所がポイントのようだが、呼吸についてはまた回を改めて追究してみたい。

「指圧自体も三段階でやるんです。まず触れて、そこを圧し、それを離す。その離す瞬間に痛みが発生します」

これが人体の深い部分へのアプローチを可能とする、精妙なプロセスなのだ。もし力でグイグイとやるようなアプローチならば、組織自体を損傷させてしまいかねない。

そして、離すその一瞬にこそ、痛みが生じる、という点も意味深い。痛みは一瞬だからこそ活きてくるのだ。

武術の技として考えると、痛みの目的は痛み自体ではない。痛みによって相手に反応動作をさせる事こそが目的だ。その意味で、アプローチは深く、一瞬でなければならないのだ。

「痛いのがきそうだ」と予め身構える事ができれば、ある程度は反応を抑える事ができる。それでも痛がらせよう、とする側はさらに力を追加させていく、……とこれではまるで力みのイタチごっこ。一方、〝雅勲〟などを喰らうと、脳内が真っ白になる感じがする。「痛ッ！」と体が反応し、気付いたら地に這いつくばらされているが、何というか、不快な感じは残らないのだ。

「技でも、やっている事はいわば指圧と同じですからね。体にいいんですよ」

……これも一瞬の妙技ゆえなのか。

〝痛み〟がもたらすもの

八光流では、技はかけようとするとかからない、という。いささか哲学的だが、やろうとする力み、同じように、やられようとする時の力み、これらからの脱却こそが最大のテーマなのだ。しかしながらこれが難しい。かけようとしないかけようとしない……などと意識しているうちはどうしても力みはとれない。ましてや、技をかけられようとする時に構えないでいる、力まないでいる、意識しないでいる、なんて相当な難度だろう。ここを解決するカギが、どうやら〝痛み〟

にはありそうだ。

「やっぱり、八光流には素直さが必要なんです。でも、まあ、難しいですよね。実際にはそんなに素直な人間ばかりじゃない。そんな時は技をかけてやればいいんです。痛い思いをしていくなかで身をもって知っていけるんですよ。これは、誰でも、そうなります」

確かにそうだろう。力めば力むほど痛いのだ。どうしても最初は意識してしまうから力んでしまう。しかしそれで余計痛いのだから、そこから逃れるには力まない、しかないのだ。ジレンマのようでいて、実は道は確実に開けているのだ。

「昔はけっこうキツい事もやっていましたから、さんざん痛めつけられて、稽古の後には箸も持てないくらいになる、なんて事もよくありましたよ。そうなったら、力が入らないんだから、力みようがないですよね」

いわば究極の荒療治！

まあ、程度はともかく、人間が成長するためには〝痛み〟は必要なのだな、とつくづく思った。〝痛み〟というとどうしても破壊や損傷といった言葉が連想されて怖くなってもくるが、短ければ〝刺激〟である。こっちなら怖くない。実際皇方指圧は、痛覚反応を起こさせる刺激によって人体を活性化させる、というのが根本原理になっている。

本書のテーマである「心的作用」から考えると、恐れや不要な警戒心、それによってもたらさせる力みや萎縮等の元凶ともなりそうな〝痛み〟であるが、むしろそこからの脱却術こそが〝痛み〟の中にあった、という訳なのだ。

うーむ、深い。人生について説かれてるみたい。

■

二段技 **腕押捕**

とびきり痛い技を、とリクエストをしてやっていただいたのがこの技。掴み手を小指側が上にくるように返させ手刀で斬るように落とす。これによって手首に耐え難い激痛が走る。肘を破壊出来そうな形だが、この技の目的は“破壊”ではない。あくまで一瞬の痛み。だからこそ体は崩れ落ちる。

二段技 胸押捕

さらに痛い技を、という編集部員の身勝手なリクエストに、受けの門弟大川氏が表情を歪ませる。かまわず「ハイ、お願いします」と宗家に合図を出せば１秒後には４コマ目のような状況になっていた。掴み手が右頁“腕押捕”同様の「小指上」状態に返される操作がまったくわからなかった。技をかけようという意図が動作に顕れてこないのが八光流の怖さ。ゆえに痛い。

上掲“胸押捕”４コマ目の３秒後の大川氏の姿。しばらく起きあがれないのは“いい具合”に力が抜けているから？（何度もお願いしてすみませんでした。でもちょっと気持ちよさそうでもありましたよね㊢）

第7章

〝構え〟の事

〝左構え〟の謎

「じゃ、いついらっしゃいますか？」

「そりゃもう、言われればすぐにでも伺う構えです」

日常、こんな風にも使う〝構え〟という言葉。その意味する所は「心づもり」という事だ。

武術や格闘技には、その種類によってさまざまな〝構え〟が存在する。それは、「主に何に備えているか」という心づもりが異なっている、という事を意味している。ボクシングで顔前に手を置く構えはルールと危険度を鑑みて必然だ。

「でも〝何がきたらこうしなきゃ〟という心づもりって、結局萎縮してしまうでしょう。本当は何がきても対応できなきゃならない訳ですから、そっちの発想は武術ではむしろ裏目に出るんです」

と、宗家は仰る。確かに、顔面を警戒するあまり、腹を刺されたら、それはそれでおしまいだ。

実は、八光流における〝構え〟には「何を防ぐか」よりも「そこからどこを目指すのか」にこそ重要なポイントが隠されている。

ところで、八光流には剣術の伝も存在する。護身柔術のイメージの強い八光流にあってある意味異質にも思えるが、〝剣対剣〟の前提だからこそ〝構え〟に秘

八光流剣術の〝構え〟

八光流における剣術の基本は左足を前に出した〝左構え〟。現代剣道や各流剣術にはまず見られない形。実際にやってみると最初は少し違和感を覚えるが、身体は自然に正面を向く。

められたコンセプトも見えやすくなる。まずはここから取り上げてみよう。

現代剣道でも、各流の剣術でも、だいたいは〝剣対剣〟を前提にしているので、だいたいの〝共通項的構え〟というものが存在する。相手がやってくる事がだいたい決まってくるからだ。

ところが、八光流剣術の〝構え〟には一見共通項的に見えながらも、逸脱した特異さがある。何と、右足を前に出して構えるのだ（上掲写真参照）。

日本剣術では、多くの格闘技やスポーツのようには〝サウスポー〟を許していない。もしかすると、型などを切り取ってみた際の見かけ上の事だけなのかもしれないが。

という意味で、八光流のこの〝左構え〟はある意味ウラ技なのだ。しかしこのどこに利点があるのか。

実際に自分でやってみると自然に身体が正面を向く。つまり、半身にならない。

八光流柔術では、半身にとらず正対する体が基本とされる。剣術においても体の操法は共通だという事。

相手から見える面積の少ない半身の方が防衛上有利とする考え方もあるが、少なくとも八光流にはそういう「〜がきたら」という確率論的被弾発想がない事がわかる。ここの所、やはり、という感じ。

こういう事ですよ、と宗家が木刀を持って〝左構え〟にとった。相手の門弟大川氏は通常の〝右構え〟。間合いはかなり遠く、大川氏が普通に踏み込んでもギリギリ届かない距離。

ところが、宗家は一歩で楽々と突き込めてしまうのだ。大川氏より小柄な体格の宗家の方が歩幅では小さかろうはずなのに。

「基本は継ぎ足でなく、歩み足なんです。奥足から歩むように出ていく所に利があるんです」

なるほど、奥足から出ていくと、その瞬間に体幹を大きく前に出す動きになる。一方、前足から出すと手っ取り早い事は手っ取り早いものの、いわば〝懸命に背伸びをしている〟ような状態に過ぎない。だから、見かけの印象ほどには攻撃距離が稼げていないのだ。

じゃあ、〝右構え〟でも左足から出ていけばいいいんじゃないか、と思ってやってみるのだが、これが思いの外、理にかなっていないようで、出ていけないのだ。それに、〝右構え〟から左足を踏み出すと「右手が前で左足が前」の体勢になる。そもそもこの体勢が剣尖を伸ばしにくい。

「もちろん実際には、動きの理屈としてももう少し複雑な事が起きてますし、実際の戦いにおいてもそんなに単純にいくものでもありません。ただ重要なのは、〝構え〟にはその先の動きが包含されているという事ですね。こう来られた時のためにこう構えて、というものじゃないんですよ」

〝八光の構え〟の謎

さて、今度は徒手。

「何がきても対応できるためには、自然体でなければいけません。だから予め特定のものに対して備えておく〝構え〟は八光流柔術にはないんです」

必ず突き勝つ？ "左構え"の謎

通常の"右構え"より右足から踏み出し突き込んでいく通常の操法だと届くか届かないかのギリギリの間合い。ところが"左構え"からの宗家の突き込みの方が余裕で届いてしまう。同側（手と足で同じ側が前に出る）となる最終型、すなわち、右手を前に剣を握っている以上、右足前の体勢こそがリーチ上の最善な訳で、その点は両者とも同じなのだが、そこに至る歩法プロセスの違いがこの差を生みだしているのだ。端的に言えば「奥足から前に出していく方が得をする」という事になるが、手の態様とも相まって、実際にはもう少し微細で複雑なメカニズムが存在している。

八光の構え

右手は前に真っ直ぐ差し出し顔を隠すように。反対側の手は後ろへ持っていき、前からは見えないように置く。

という宗家の言葉とは裏腹に、実は八光流には柔術でも〝構え〟が存在するという。それが上掲の写真。その名も〝八光の構え〟。

そんなそのものズバリのものがあるんじゃないか、と思った。しかし実は宗家の言葉に嘘はなかった。

「〝八光の構え〟は相手がやってくる何かを待ちかまえている状態の構えではないんです。相手が何かをやってきた瞬間の体勢を意味しているんです」

それは相手が何をやってくるかによるのでは、と思ったが、よくよく鑑みるとこれが見事に共通項的な対応体勢になっている。そういう意味で〝構え〟になり得ているのだ。

右手を顔前に真っ直ぐ差し出すだけなのだが、これが正中線を護っている。ストレート系だろうがフック系だろうがこれで最低限の防御がかなっている。極論的に言えば、相手が何かをしてきたら、とにかくこの体勢になってしまえば致命傷は受けない、というほどの〝構え〟。護身を旨とする八光流ならではの教えだ。

実際に示していただくとよくわかった。ストレート

01

02

頭部への突きを、右手を真っ直ぐに差し出すだけで逸らす事ができる。知らないとできないが、やってみると"目から鱗"の防御法。

系顔面パンチへの防御になるのはわかるが、フック系に対してもほぼ同じ動作で受けになっているのは〝目から鱗〟だった。

そして、手を前に伸ばしているからこそ、その次の技へ即時に繋がっていく。四段技「横面打捕」で〝雅《が》勲《くん》〟に極め伏せてしまうまでの早かった事！（次頁写真参照）

護身を旨とする八光流には、自らすすんで攻撃していく技がない。つまり、相手が何かやってこない限りは何も始まらない訳だ。だから、八光流の〝構え〟にこれほどに能動的な意味合いが秘められている事が意外だった。〝構え〟なんてある意味受動の極致ではないか。何かに備えて構えておく……。

しかし、八光流ではそうは考えていないのだ。

「相手が何をやってくるかなんてわかりませんからね。予測しようとしたって仕方ないんです。それよりもどう動くか。どう動けるようにしておくか。そっちの方が重要な事なんですよ」

なるほど、前もってあれやこれやと気をもんでも仕方ない。そういう「心づもり」ではきりがないのだ。かといって八光流の教えは実は行き当たりばったり主義でもない。いざという時に動ける、そういう先のためのチューン・ナップが〝構え〟の中にすら周到に施されている。

明日の事など明日になってからでいいのだ。その代わり、何が起きても行ける……そんな〝構え〟で生きる。

悪くないな。

■

四段技 横面打捕

横からの顔面当ても真っ直ぐ差し出す右手のみで回避。そのまま相手左手を〝雅勲〟に捕らえ落とし極める。写真01から写真06まで、実際に見ていると本当にあっという間！

第8章

"指"と方向

"押し込まれない"理由

上掲写真のごとく、突き出した拳を掌で受け止める格好の奥山龍峰宗家。

「まあ、これを普通に受け止めようとすると、押し込まれてしまいますよね」

宗家は片手だし、相手役の大川湟山師範は体格で勝っているし、そりゃまあ、そうだろうと思う。

すると宗家がある操作をした。

「こうすると、もう押し込まれないんです」

大川師範がいくら押し込もうとしてもビクともしな

くなった。それどころか、逆に片手で弾き返してしまったのだ（左掲写真参照）。

自分もやらせていただいた。不思議な事に、思っているほどに力が入らないのだ。一体何をされているのか。怪しいのは先の「ある操作」だ。

「受け手を少しだけ小指側にずらしているんです。」

実は手には力を発揮しやすい〝方向性〟があるんです。中指を中心に、小指側が引く力を発揮しやすく、親指側が押す力を発揮しやすい。だから相手の拳を中指と人差指のいわゆる拳頭の辺りで受けてしまうと、相手にとっては押す力を発揮できる所だから、モロに力を喰らってしまう。空手でもボクシングでも、殴るもの

前頁写真とほとんど変わらないように見えるが、いくら拳を押し込もうとしても力が入らなくなってしまっている。挙げ句の果てに宗家は軽い調子で弾き返してしまった。これは一体……!?

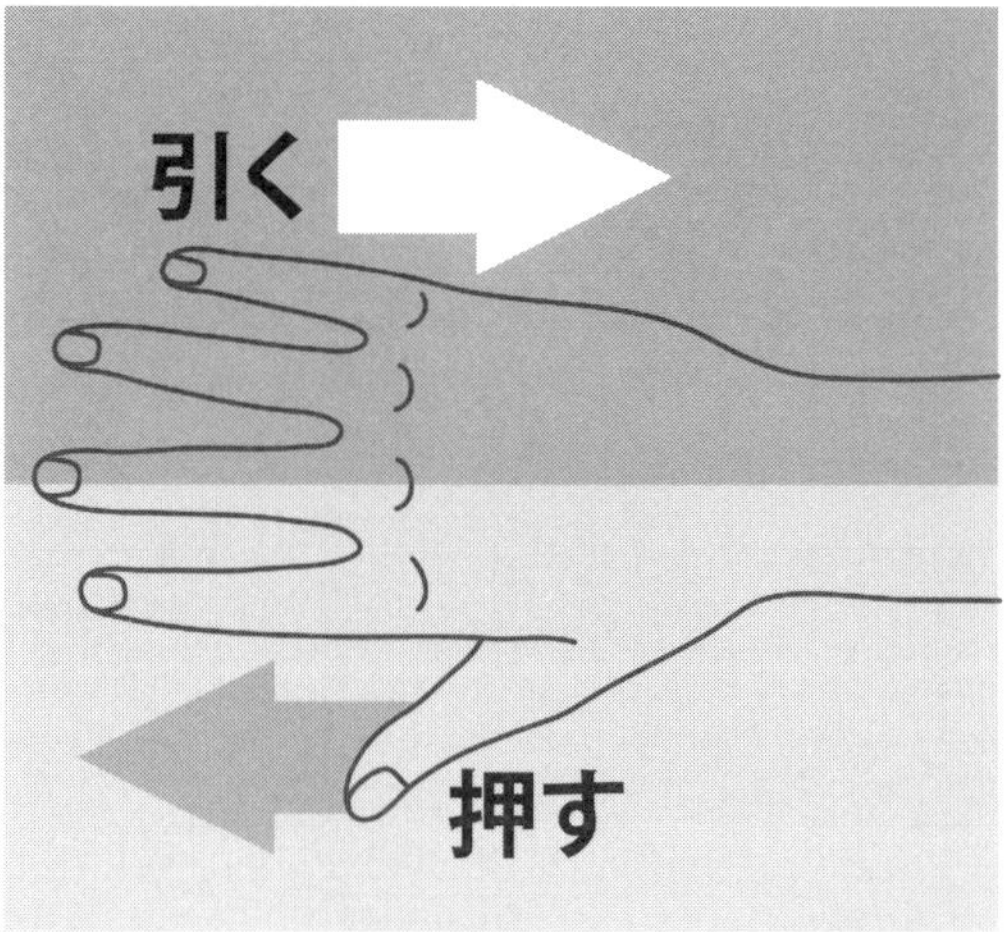

手は中指を中心に、親指側が押す力を発揮しやすい性質を、
小指側が引く力を発揮しやすい性質を持っている。

はだいたい人差指側を当てようとしますよね。あれはそういう事なんです。だからそこで受けないで小指側で受ける。そこは〝押す〟でなく〝引く〟方向性の部分だから、押し込まれずに逆に押し込んでいけてしまうんです」

知らなかった。そんなメカニズムがあったなんて。

次頁は三段技の〝突身捕《つきみどり》〟。以前にも拝見した事がある技だが、その時には「突きを手で受け止めるなんてできるんだろうか」と思ってしまった。しかしこのメカニズムを知ったら見え方も変わってくる。見えない所で実に巧妙な操作が行われていたのだ。

「人間の動きというものを得てして機械のように単純化してとらえてしまいがちですよね。でも実は人間の体というものはもう少し複雑に出来ている」

確かにそうだ。手を伸ばすのに必要なのは上腕三頭筋。だからここが発達している人は押し込む力が強くなる……自分が身体構造と運動メカニズムとして認知しているのは所詮このレベルだ。機械に対する考え方と変わらない。

三段技　突身捕

相手の突込みを両掌で包むように捕らえてしまう。もちろんまともに突きの威力を受けてしまえば〝捕らえる〟どころではない訳で、小指側にずらし受ける巧妙な操作があってこその技だ。手を捕らえたら雅勲で瞬殺！　片手を捕らえているだけだというのに相手は絶望的なほど完全に動けなくなってしまう（写真06）。

「それだと、結局大きいものには敵わない、という事になりますよね。大きい人が強そうなパンチを放ってきたからといってそれだけで『わあ、強いパンチだ』とあきらめる事はないんです」

やりようによっては、人間のパンチはいくら強そうに見えても受け止める事ができる。もちろんこの〝やりようによっては〟の所が大変ではあるのだが、こう思える事による心的効果は大きいのではないだろうか。人間の手足を相手にするという事は、鉄砲を相手にするのとは根本的に違うのだ。

動くべき〝方向〟

この方向性の原理は、もちろん自分自身の動きにも応用される。

例えば手首を相手に掴まれた状態。柔術系武術ではよく現れる場面だが、これを何とかするのは実は見た目ほど簡単ではない。引き寄せようにも相当な力がなければ相手は簡単に引き寄せられてはくれないはずだ。

「〝小指側〟へ引き寄せるんです。それが合理的な動きになってくるんです」

次頁は二段技の〝木葉返《このはがえし》〟。両手を掴まれた状態から右手を寄せるようにして差し上げるが、よく見ると

左右一人ずつに持たれた両腕をいとも簡単に中央へ引き寄せてしまう宗家。"小指側から引き寄せる" 操作によって実現している。

二段技　木葉返

両手を掴まれた状態から、右手〝小指側〟から引き寄せるようにして差し上げ、相手手首を極める。そこから今度は逆に親指根本〜人差指側を使って一気に落とす。

01

02

03

04

05

06

確かに〝小指側〟から引き寄せるようにして動いている。

　人間の動きは複雑なもので、もちろん〝親指側〟から引き寄せる、などという動きはいくらでも可能な訳で……というよりも、そちらの方が多いような気がしてくる。簡単に「こちらが正しい動き」「間違った動き」と割り切れるものではないのかもしれない。しかしそんな複雑な中では、武術の技を〝合理的な動き〟で会得するのは途方もなく長い道のりになってくるのではなかろうか？

　そこを八光流では〝原理〟として示してしまっているのだ。初心のうちは〝原理〟よりも〝現象〟に目がいきがちだ。それでいつまで経っても大事な所が見付けられないでいる、なんていう話は武術において珍しくないが、八光流の教伝が速く（すぐ身に付く）、確実（誰でも身に付く）である秘密はここにこそありそうだ。

「手先に限定してみると、小指側は〝締める〟、親指側は〝放つ〟という性質になる。これを当たり前に日常生活で実践していくといい。例えば、鞄を持つ時には親指と人差指側を使ってガシッと握り込まない。〝締める〟のは小指側の仕事ですから、小指、薬指、中指で引っ掛けてやるくらいがいい。こちらの方が強力なんです。そういう事を日々当たり前にやってこそ、武術の合理も身に付くものだと思いますよ」

　そう言えば、こんな印象的な光景。八光流の飲み会に何度かお邪魔させていただいた事があるのだが、「カンパーイ！」と差し上げられたグラス、お猪口の持ち方が皆同じ。人差指は使わずに伸ばして、小指側で締めて持っているのだ。

　うーむ、物凄く当たり前に身に付いている……
■

指の原理は鞄の持ち方にも応用される。親指側でがっしりと握り込むよりも小指、薬指、中指で引っ掛ける程度に持つ方がはるかに強力。突然の引ったくりにも持っていかれない。

第9章

〝ぶっつけ本番〟

01

とらわれず迷わず

まずは上掲写真だけを見て、〝次の場面〟を想像してみていただきたい。想像していただけただろうか？　では次頁の写真。これは実際の〝次の場面〟の写真なのだが、違和感はないだろうか？　とくに武道に精通している方ほど。

実は上掲写真の攻撃者は短刀を左手に持っていたのだ、という所。

「たいがいは右利き」「たいがいこういう武道の稽古では右手で攻撃するもの」「たいがい刀は両手持ちな

ら右手前、片手持ちなら右手で持つもの」といったような先入観があると、左掲写真のような結末は思い浮かばない。

もちろん、右か左かはこの場合重要な問題で、相手の突き手の〝外〟へ入れれば、人体構造上、次撃を食いにくくなるが、〝内〟に入ってしまうと危険は継続する。つまり、右に体を捌くか左に捌くで、天国と地獄なのだ。

そこを、咄嗟に間違えないのだろうか、という懸念。

「間違えないですよ」

奥山宗家は笑って答える。

でも、間違そうになる事だってあるんじゃないか？予め決めてないんだし。

言い忘れたが、今回は〝ぶっつけ本番〟である。取材時はたいがいテーマを決めて行うものなのだが、決めなかったらどうなるんだろう？という所が面白そうだったので、〝ぶっつけ本番〟で行きましょう、とした。何もない手探り状態で始めたら、気が付けばテーマ自体が〝ぶっつけ本番〟になっていた。

八光流は、元々護身に主眼が置かれている。だから余計思うのだ。護身は必ず〝ぶっつけ本番〟。咄嗟に敵が武器をどっちの手で持っているか、なんて判断してる暇はないだろう。右に行くか左に行くか、間違えないための、何か秘訣があるはずだ。

「まずはとらわれない事ですね。誰でも、武器を手にしている人間が目の前に現れたら、その武器自体に注意が行ってしまいますけど、それじゃ見えなくなる」

狭い範囲に注意が限定されてしまえば、その他の部分は推理していかなければならなくなる。右か左かという情報が必要になってくる訳だ。しかし全体が見えていれば、右だ左だという情報以前に〝次の場面〟が浮かぶ。右だか左だかよくわからないが、為すべき方向が感覚で見えてくるのだ。

「局所にとらわれてしまうとどうしても力んでしまうんです。力まなければ次の動きは自然に出てくるもんなんですよ。それも大事な所ですね。力まなければいきなりなにが来ようが対応できる。〝ぶっつけ本番〟だって大丈夫なんですよ。力みさえしなければ」

なるほど、たとえ相手が武器を持っていようが、そこにとらわれる必要はない、という心理条件の前提があると、結果として〝見える〟のだ。もしかしたら、冒頭の例では、どちらの手で突き込んでくるか、などという問題はどうでも良かったのかもしれない。どうでも良い、と思えれば〝見えてくる〟のだから。

八光流では、あまり頻繁ではないが演武会の機会もある。そういう時は、必ず〝何も決めない〟らしい。

武器を突き込んだ瞬間、その腕を外側（写真向かって左）へは持っていきにくいが、内側へは容易に変化できる。よって内側は危険帯域。

相手が武器を持っていたら、どうしてもそこに注目してしまう。その注目の度合いが強ければ強いほど、他が見えなくなる。左か右かなどという判断が必要になってくるのはこんな状態。しかし、全体が見えていれば、自ずと「相手がどう来るか～自分はどう身を処すべきか」が見えてしまう。ちなみに下掲二つの写真は共に、左右を反転させているもの。よく考えてみると違和感があるが、考えずに“動き”だけを問題にするのなら、「そんなのどっちでもいい」と思えてくるのでは？　右の写真だと「あ、左手だなこれは」と考えてしまうが、左の写真だと「そんなのどっちでもいい」。

「予め決めておくとかえってとらわれてしまいますから。〝ぶっつけ本番〟が一番ですよ」

しかし、それであの演武は見事という他ない。自由自在。相手が右で来ようが左で来ようが。

やはり気になる左右の問題

八光流は非常に技の数が多い。それを覚えるだけでも大変そうに思えてしまうのだが、よく考えてみると左右があるから数として倍になる。そうすると端折《はしょ》りたくなるのが人の性《さが》ではないか。右できたらこの技で左できたらこっちの技、と。しかしそれは許されないらしい。

「どの技も必ず左右やります。『こっ

ちで行ってやる』みたいな得意技発想があると、それは結局とらわれですからね。ニュートラルにしておかないと」

確かにすべての技に〝左〟のバージョンと〝右〟のバージョンとがあった。かなり複雑な行程の技もあるのだが、それも見事に左右同じように遂行される。これは「右手で掴まれてるから左手で取り返して……」などと局所的に考えながらやっていたら到底無理だ。局所でなく全体をとらえる目があってこそ、どの技も自然に左右が同じようにできてしまうのだろう。

しかし、そんな理解を越えてしまうような驚くべき技があった。四段技〝追懸捕《おいかけどり》〟だ（96〜97頁参照）。

何しろこの技、後ろから頭を掴まれる所から始まる。その手を頭に固定するや否や、相手の腕の下を前から後ろにくぐり抜けるようにくるっと身を捌き、その動きのままに腕を極め上げてしまう。身を捌く方向は、相手がどちらの手で掴んできたかで逆になってくるのだ。しかし、相手は背後なのだからどちらの手で掴んできてるかなんて当然見えない。それでも宗家はスルッと間違いなく捌けてしまうのだ。見ていると不思議で仕方がない。

手で触って確認してからでも良い、という事なのだが、自分だったら手で触っても「この感触は右なんだろうか左なんだろうか……」とわからないような気がする。

「大丈夫大丈夫、誰でもわかりますよ」

と、宗家は笑顔で仰るのだが、この意は「どちらの手で掴んできたか」がわかる、というよりは、「それに対してどう動けば良いか」がわかる、という事なのではないのかと思った。

「大丈夫大丈夫」なのだ。だから相手が見えない所から掴んでこようがそれがどちら側の手だろうがとらわれがないから、全体が見えている。目だけじゃなく、全身がセンサー化している。恐らく奥山宗家は頭を掴まれた瞬間にもう、次にどう動けば良いかがわかってしまっている。その証拠に、頭上の相手の手を固定するために添える手は必ず相手と同じ側。一度も間違える事がなかったのだ。

心のゆとり

突然何があろうが対応できる、というのが武術としても、護身術として目指さなければならない所だろうと思う。

そして、八光流には間違いなくそれがある。その根底には、宗家の「大丈夫大丈夫」があったような気がしてならない。

心にゆとりがあると、人間としての感度が上がるのではないだろうか。とらわれ、恐怖、不安……の逆の状態だ。不安に苛まれている状態にある人間の感度の低さは周知だろう。ビクビクしている人間は何も感受しないし何にも反応できない。

しかし、「大丈夫大丈夫」と思えれば、本当に何があっても大丈夫な対応性が得られるのだ。

先に〝ぶっつけ本番〟で行きましょう、という方針提示について記したが、そんな時も宗家は笑顔で「いいよ、大丈夫！」だった。実際、宗家は大体何をフッても「大丈夫！」と返してくれる。そんなゆとりが、今、多くの人に欠けているのではないだろうか。もちろん、宗家の「大丈夫！」は大概の事を実際に何とかしてきた経験的裏付けもあっての「大丈夫！」なのかもしれないが、そんな裏付けなどなくたっていいではないか。どんな場面でも笑顔で「大丈夫！」と言ってみる。そうすれば、少なくとも感度は上がってくるはず。対応力が高くなってくるはず。

実はこの世の中、大概の事が〝ぶっつけ本番〟だろうと思う。予定した通りに事が運ぶなんて事の方が奇跡だ。

だから取材で一度、〝ぶっつけ本番〟をやってみたかった。

ちょっとだけ怖かったけど………けっこう大丈夫だったでしょ？ ■

四段技 追懸捕

後ろから追い懸けてきた掴んできた、という状況から始まる〝追懸捕〟。頭を掴んできた相手の腕の下を後方へくぐり抜けるような身の捌きで自然に腕を極め上げ、〝雅勲〟で一気に極め落とす。背後の敵が右手で掴んできたか左手で掴んできたかで捌きが逆になる。

01

02

03

04

05

06

01

02

03

04

05

06

第10章

〝集中力〟の問題

稽古は20分まで！

八光流本部道場を覗くと、下の写真のような貼り紙が目に入る。そう、八光流の教伝は20分と非常に短い。夏の暑い季節なら、ただでさえダラダラと汗を流しながらダラダラと長い稽古はしたくない所なのだが、そもそもがこの短さに設定されているのだ。

「稽古は集中してやる事が重要なんですよ。人間が本当に集中できるのは20分くらいなんです。だからこのように決めているし、だからこそ集中できる」

と奥山宗家は仰った。そう言えば、たまたま最近、

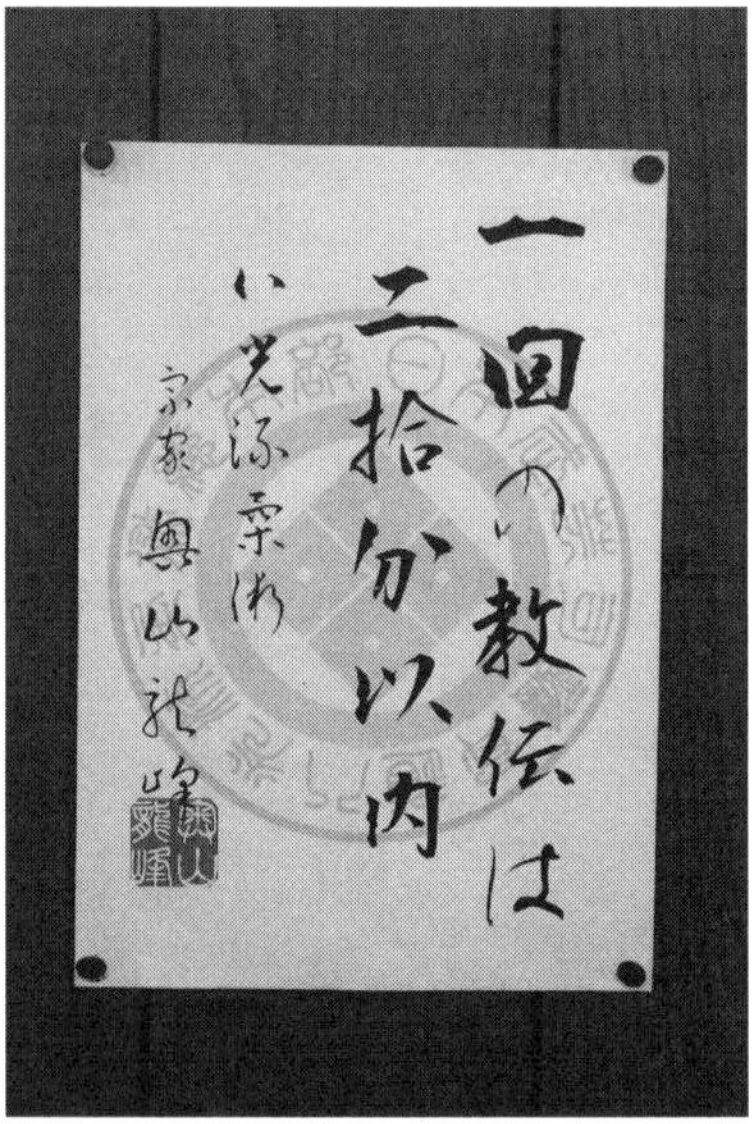

本部道場の壁にある貼り紙

危険作業を生業とするとある職人さんのもとにお邪魔させていただいたのだが、その方も「本当の意味で集中できるのは一日のうちで15分から20分なんで、そこに重要なものをもってくるのが大事ですね」と仰っていた。

そういう事を知らないと、つまり四六時中集中できるつもりでいると、逆にダラダラしてしまう事になるのだろう。結果として何も成果が上げられない。自分は思い当たる節もある。

実際、稽古は20分しかないという前提があると、何が何でも集中しようという風になるだろう。ボケッとしていたら20分などあっという間だ。ボケッと見ているTVのバラエティ番組は2時間だってあっという間だ。

では、実際の稽古はどのように行われているのだろう、という所。

“高密度”稽古の秘密

とは言っても、こうして「取材」の構えで来ているからにはただ漠然と「いつもみたいに稽古してみて下さい」などとお願いするのも何なので、「初段技から三段技までの最初の三本ずつくらいでお願いします」と見当をつけてお願いしてみた。

「20分あったら全部の技だっていけますよ」

と宗家は仰ったが、さすがにそれは無理だろうと思ったのだ。八光流の技法体系は膨大。初段技、二段技、三段技、四段技、という階層構造の中にそれぞれ座り技・半立技・立ち技とあり、トータルなどといったらそれこそいくつになるのやら……。

そこで、咄嗟の思いつきのチョイス、初段技の最初の三本、二段技の最初の三本、三段技の最初の二本、という計八本の技。すべて左右行うので実際には十六本。受け・取りを交代するので、三十二本だろうか（１００～１０５頁参照）。

初段技 八光捕

相手に掴まれた腕をただ、上げる。相手の力に逆らって力むと上がらない。「耳を掻くように」との口伝あり。

初段技 手鏡

「八光捕」で力まず逆らわず上げられるようになれば、２コマ目のようにまとめ上げるのも簡単。そこから相手の手首を畳むように崩し落とす。

初段技 合気投

「手鏡」で学んだ“落とし”で、掴まれた両手をいきなり落とすところから始める。そこから親指を支点とした“渡し込み”操作で相手を投げる。

01

02

03

01

02
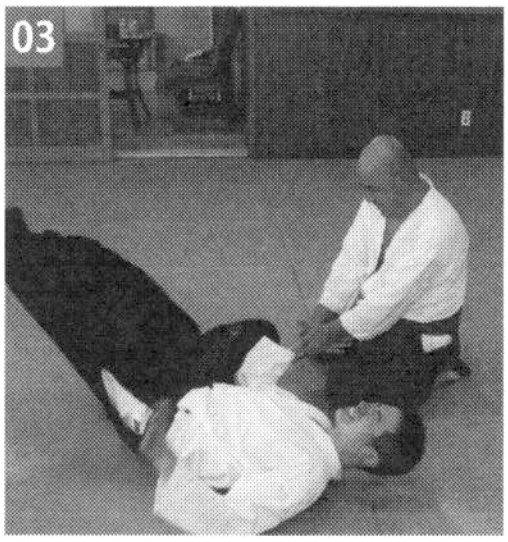
03

01

02

03

二段技 松葉捕

掴まれた手をその相手手首へ軽く引っかけるようにして極めてしまう。この引っかけ動作にはやはり“力まず上げる”初段技の原理が活かされる。

二段技 手鏡

前頁初段技と同名技ながら、二段技では一手加わって最後に“極め”が入る。初段技「手鏡」ができていればさほど苦労せずできる。

二段技 腕押捕

上腕を掴まれたところを「松葉捕」の動作系で相手肘へ引っかけるようにして挫き落とす。引っかける手の“当てどころ”が重要。

[redacted]

[redacted]

[redacted]

三段技 腕押捕持回り

二段技「腕押捕」で落とした状態から手を持ち替え、手首を極めつつ立たせてしまって相手を移動的にコントロールする“持回り”が加わる。

三段技 胸押捕持回り

前頁「腕押捕持回り」の腕でなく胸を取りにこられたバージョン。“持ち回り” の要領は右に同じだが、前半の落とし方が違っている。

すべてでかかった時間が、予想よりはるかに短く、たった4分。物凄い密度だ。

まず特筆すべきは宗家も投げられてみせる事だろう。そして、痛そうであったり、崩れたりというリアクションをあえて素直に表現してくれる。それによって、技が正しくかけられているかどうかが正確にわかる。この所、あまり他の武道では見られない光景だ。

数多くの失敗体験の中から、一つの〝正解〟を掴む、というのが一般的な方法論だろう。しかし、八光流では、最初から、正確に成功体験を味わわせてしまおうとする。

「八光流の稽古では、『個人教授』が大前提になっています。例外はありません」

と宗家。なるほどと思う。だから上位者は非常に繊細なレベルで目を配ってくれるのだ。

次頁は次々に技が一本ずつトントンと進められていく中で実際に現れた場面。「腕押捕」で相手を崩す瞬間に肘元にかける手の位置を、宗家が自分の手で咄嗟に導いて修正したのだ。高密度で流れていく4分の中の〝一瞬〟だったのだが、大ざっぱに技を流してゆかず〝正確な一本〟を大事にする姿勢が現れた、印象的な場面だった。

そしてもう一つ感じたのが〝技法体系〟自体の見事さだ。

こちらが適当にチョイスしたはずの八本の技、並べてみて気付いたのだが、下位技から上位技へ向けて、すべてが繋がっているのだ。つまり、下位の技を身に付ける中で、知らずうちに上位の技の素養が養われている、という構造になっている。

これは必ずしも難易度の話ではないのだが、試しに前頁までに掲げた技の説明を、100〜105頁の順で読んでいってみてほしい。〝繋がっている〟という意味合いがご理解いただけるのではないかと思う。

結果として、スムースに次の技へと進んでいく事ができる。ここの〝思いの外すんなりできてしまう〟心的作用は大きい。

〝パッと見〟には、それほど特別なように見えない八光流の稽古だが、実は〝集中〟、すなわち、真に効

二段技 腕押捕

102~103頁下段に掲げた二段技「腕押捕」。肘付近へ掛ける手の〝当てどころ〟が重要で間違えば崩せない。位置が微妙にずれている事をいち早く察した宗家は、すばやく「もう少しこっち……」と修正してやった。失敗体験を重ねすぎず、成功体験の感覚を短時間の稽古の中で密度濃く体得していくのが八光流の稽古コンセプトだが、それも一対一での感覚的やり取りがあってこそ。

率よく見に付けるための秘密がいくつも隠されているのだ。〝パッと見〟特別なように見えないのは、その秘密が非常に簡単な事だからだろう。しかしその簡単は、なかなかできない〝簡単〟だ。

〝集中〟に必要なもの

例えば、最上位者が〝技をかけられる側〟をやらない、というのは別に珍しくない。なかなか直接手を取ってもらえない、などもしかり。

それを考えれば、宗家を投げるなどとなるとどうしても恐れ多い、というか、腰が引けてしまうものだ。

そこを打開しているのが、八光流独特の〝笑顔〟稽古だろう。まるで楽しんでいるかのよう、それでいて痛いときは本当に痛いように「アイタタタ」と技をかけられてくれる。決してだれている訳ではなく、一定の緊張感（〜それこそが〝集中〟〜）を保ちつつも、余計な強ばりを解いてしまっている。これは八光流の度量であり、指導者の度量なのではないだろうか。

本当の〝集中〟を実現するにはそのための環境作りが必要だ。その意味で、八光流のシステムは見事という他ない。修得の妨げとなる〝余計なもの〟を排除するシステムが秀逸なのだ。

思えば自分の日々は〝余計なもの〟にばかり煩わされている気がする。

排除してみようか、ほんのつかの間。

さて、今日は〝20分〟で何ができるだろう。

■

第11章

〝させる〟技法

〝させる〟が勝ち

八光流には「ああ、これは最強だな」と納得させられる大原理がある。それは、

「何かをしようとした側が必ず崩れる」

というものだ。だから、自ら〝しよう〟としなければいい。これ、実は簡単ではないのだろうが、とりあえず字面上はすぎるを付けたくなるくらい簡単だ。殴ろうとしても、掴もうとしても、その〝しようとする〟事によって自らが崩れてしまう。それに対して、自分側は崩れずにそのままを保ってさえいれば相対的に〝負け〟はないのだ。

「八光流は護身術ですから相手が何かやろうとした時にだけ必要なものなんです。こちら側から〝しようとする〟必要はありません」

おそらくこれまで何千回と口にしてきたであろう宗家のこの言葉が、改めて重く感じる。

意識しようがするまいが一般には「早い者勝ち」「先手必勝」的に考える傾向の方が強いようで、その発想の中にいると見失いがちなのだが、第三者の立場からみているとなるほどよくわかる。殴りにいくにせよ、掴みにいくにせよ、仕掛けた側は必ずその行為によって多かれ少なかれ体勢を崩す事になる。動かなければ

"しよう"とすれば負ける法則

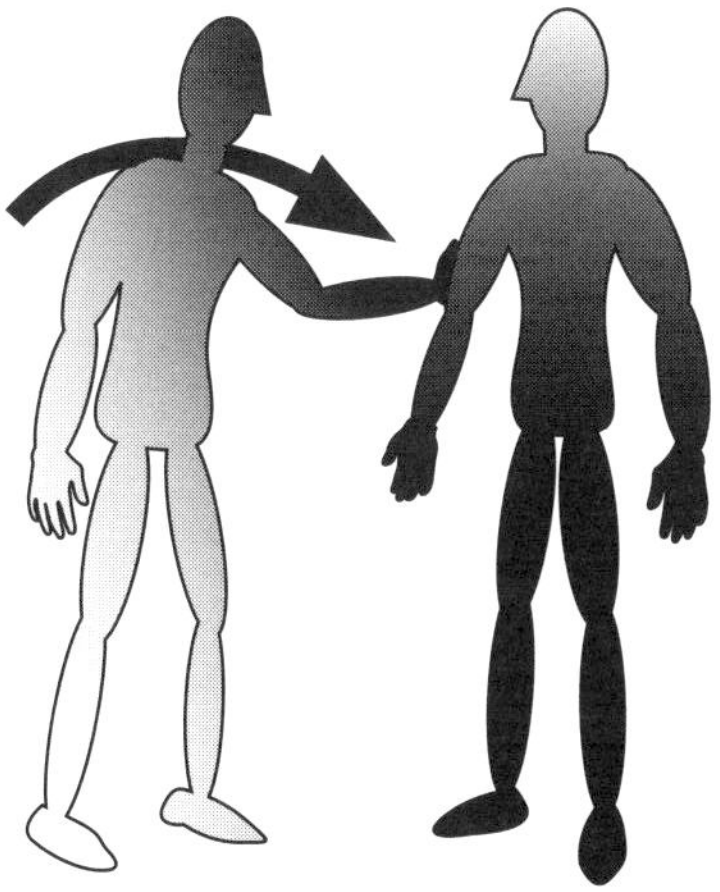

掴むにせよ殴るにせよ、先に何かを"しよう"とした者がその行為によって自ら崩れてしまう。された側はただ崩れないでいるだけで、相対的に勝ちとなる。

転ばないのに、という事だ。

ではただ待つのか、といえば、ある意味その通りなのだが、実は一段深い巧妙な術理が八光流には隠されている。

〝させる〟という術法だ。

八光流の技法群にはいわゆる〝得物捕り〟ではなく、自ら得物を運用するものもあるが、その用法がどうにも武器らしくない。

というか、次頁の写真は武器ですらない〝傘〟の用法。〝傘〟と聞くとすぐ〝旦那芸〟と軽んじられる節もあるようだが、なんの。ここに仕組まれた巧妙な心的戦略にぜひご注目いただきたい。

差した状態の傘をスッと絶妙の加減で正中線上に差し出す宗家。

実際に相対してみるとよくわかるが、こうされるともう、その傘を奪って自らの武器にするか、押しのけて次撃に繋げるかしかなくなる。つまりこの時点で〝傘へのアプローチ〟に無意識下に行動が限定されてしまうのだ。

しかも宗家は片手で持っている。自然に「両手で掴めば奪えるな」という発想が頭をよぎる。

そして両手で傘の柄を掴み、引っぱり込もうとする。

「逆らわないのがポイントです。傘なんてくれてやるつもりでいい」

相手が掴もうと考え、掴み、引っぱり込む。ここま

師範技 奥伝 傘押捕

差していた傘を何のてらいもなくスッと差し出すと、相手は思わず掴まされてしまう。普通は引いてくるのでその腕の動きにまかせて踏み出つつ下の手（左手）を〝雅勲〟に極め上げ、落とす。押してきた場合も、その腕の動きにまかせて引き込みつつ前に出させた上側の手を〝雅勲〟に極め上げ、投げ落とす。どちらも最終的に傘を差した状態で片手で制圧してしまっているのが凄いが、これも相手に〝能動的に何かさせる〟事に成功しているから。引かされた時点、押させた時点、そしてそもそもの掴まされた時点で運命は決まっていた、という感じ。決め手となっている〝雅勲〟は力任せに握っているほど痛いという、これまた〝相手次第〟な秘技。

引いてきた場合

01

02

03

04

05

06

押してきた場合

で、宗家の側はいわば何もしていない。何かしているのは相手だけ。先述のように、この能動的行動によって相手はすでにかなり、自らの体を崩してしまっている。そしてその事にまだ気付いていない。自分の思い通りに行動できているからだ。この〝やりたい放題〟な状況がさらに能動的行動を加速させていく。

「くれてやる」と語った宗家だが、手放して本当にくれてやったりはしない。相手が引っぱり込む動きに合わせてついていくのだ。

傘の柄を掴んだ相手の手は「捕って下さい」といわんばかりに隙だらけ。こんな場面で、八光流には必殺の決め手がある。〝雅勲〟だ。

この〝雅勲〟、相手が力を入れていればいるほど激痛が走るというやっかいなシロモノ。相手の左手を、あっという間に〝雅勲〟に極め上げた宗家は、そのまま片手で極め伏してしまった。反対側の手では傘を差している。これは宗家の体がまったく崩れていない事を意味している。

掴んだ相手が引っ張らずに、押し込んできた場合の対応も見事。こちらも技として組み入れられている所をみると、八光流としては予定範囲内という事なのだ。この場合も、宗家は相手の動きに抗わない。

押し込んでくる相手に合わせて一歩引く。さらにそれを助長させるように少し傘を引き込むと今度は前に出ている右手の方を〝雅勲〟に極め上げ、投げ落とした。やはり傘は片手で差しかざした状態の体勢で極まった。

今さら言うまでもないが、他者に何かを〝させる〟などというのは実は恐ろしく高度な方法論だ。相手がこうしたくなる、という心的要因をとらえられない限り、おおよそ不可能だろう。

「逆らわなければいいんです。自然にやれば自然にこうなりますよ」

こともなげに笑顔で語る宗家の言葉を、最初は冗談だと思っていた。しかし、度々技を拝見し、度々この言葉をうかがっているうちに、本当にこれが最高の極意なのかもしれない、と思えるようになってきた。本当に自然でありさえすれば、結果は決まっている。その結果が、宗家には見えているのかもしれない。だがその〝自然である〟事が、人間にはなぜか大変な難作業なのだ。どうしても余計な事をしたくなってしまう。何かしようとすれば、崩れてしまう……。

し続けてしまう不思議

何かを〝させられる〟究極形かもしれない、と感じたのが次頁写真の奥伝技「胸捕投」。

「投」と銘打たれてありながらも、何と両手を使わないのだから。本当に投げているのか？……そう、実は相手が自ら投げられているのだ。

相手が胸襟を掴みにくる。そのまま宗家はふわりと身を翻したかと思うと、次の瞬間、もう相手は宙に浮いていた。

この技の巧妙な所は、襟を掴んだ両手が放せない所。傍から見ると「そんなはずないだろう」と思うのだが、当事者になってみるとわかる。普通は多少なりともあるはずの〝違和感〟を受けないのだ。だから放そうとするきっかけもない。いわば「掴み続ける事に何の問題も感じない」と感じている状態。だから放さない。当然だ。実際は放せない訳なのだが。

宗家の動きは、位置移動こそほとんどないが、豪快にも180度反転を行っており、実はかなりの変化量である。それを宗家は、相手の両手にかかるテンションをまったく変化させないまま、やってのけてしまっているのだ。

引っ張ったり押したりという、力をまったく受けない相手は、反応のしどころがない。だからどうしても無意識に掴み続けようとしてしまうのだ。しかし、掴み続けている結果として両腕は不自然に交差させられてしまっていく。自らで自らの腕を極め上げてしまうような格好にさせられた相手は、もはや前方に身を投じて腕を解くしかなくなってしまうのだ。

この技は見かけ以上に危険度が高いという。それは投げられている間も掴み続けようとしてしまうから。つまり、手を使っての受け身が取れないのだ。

師範技 奥伝 **胸捕投**

両胸襟を掴んできた相手に対し、右手で空間を保持させつつ、クルッと右へ180度反転する。この際、相手肩口と胸襟との距離を変化させない（少し沈み込みつつ少し近付く）事によって相手に違和感を与えないのがポイント。無理なく掴み続けてしまう事によっていつの間にか不自然に両腕を交差させられてしまった相手は、自ら前へ身を投じるしかなくなってしまう。

01

02

03

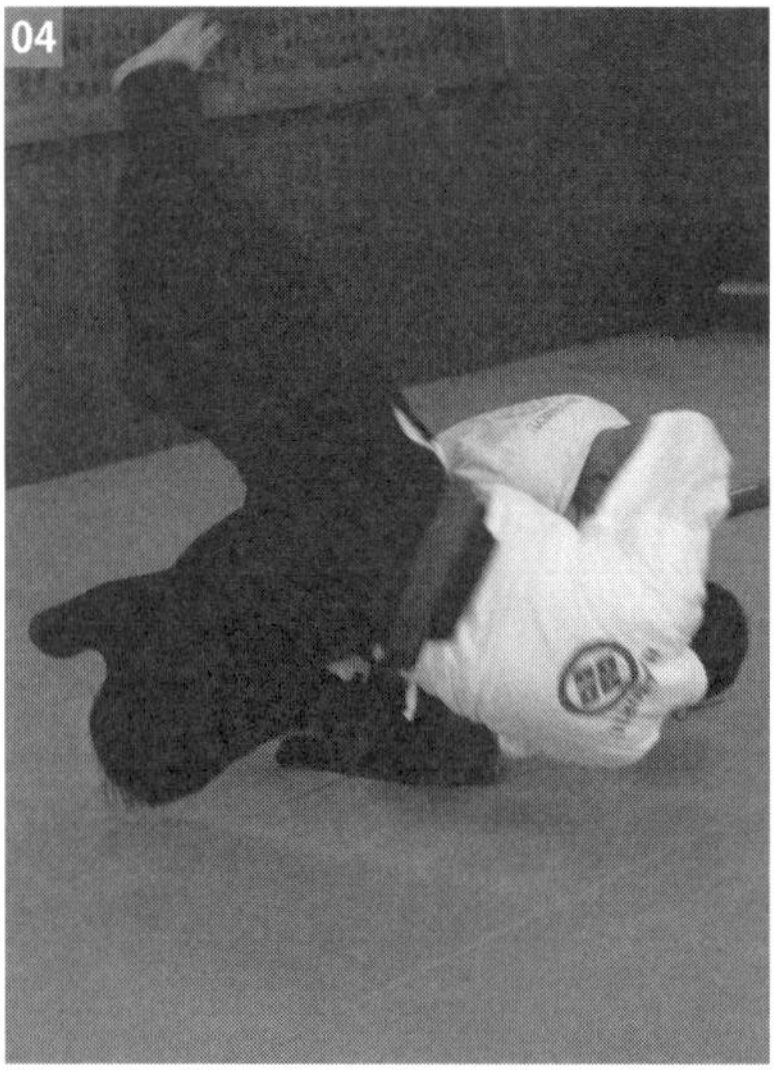
04

「人間は何か攻撃されたり、強制されようとした時、それがどんなに小さなものであっても、無意識に抵抗しようとしますよね。そうすると力のぶつかり合いになってしまう。力で他人をどうこうしようというのは技じゃないですよ」

なるほど、この宗家の言葉は単に「力まないでやりなさい」というのとは違って奥深い。

技を為しているのは、実は相手の方の動きであり、力である、という事なのだ。

冒頭勝手に〝最強〟という言葉を使ったが、もちろん八光流は自らをして〝最強〟などとは謳っていない。思えば、こんなに〝自己顕示〟〝他者打倒〟〝勢力拡大〟志向のない武術も珍しいな、という事をずっと八光流には感じていた。広告、宣伝をうたないし、演武会もやらないから、一般の人は〝八光流〟を目にできる事などほとんどないはず。なのに、〝存続の危機〟に陥ったりもしない。

「自分が他より優れている、なんて言う必要は武術にはありません。大丈夫ですよ。良いものは必ず残りますから」

宗家は、いたずらに他をおびやかそうとするような行為は、結局我が身を自滅させる愚行だという事を、本質的に知っているのだろう。そしてこれが本当に強さを発揮するのは、いたずらにおびやかされそうな時だ。右往左往する必要はない。〝させて〟おけばいいのだ。こう思えたら、心理的にも、ちょっとやそっとの事では揺らがない。〝肚ができている〟とは、もしかしたらこういう状態を差しているのかもしれない。

ちょっとした事で心が揺らいでしまうのは、誰もが日々、経験している事だ。陰口を叩かれる、嫌がらせをされる、侮辱される、盗まれる……。

大丈夫。〝させて〟おけばいい。自らが崩れさえしなければ、必ず自分にとっていいように転がるはずだから。

■

第12章

〝護身体操〟

真の〝人間強化法〟

八光流には〝護身体操〟なる伝がある。その名から想像するに「相手の脛を蹴っ飛ばす」等の動作を集めた体操かと一瞬思ったが、その実は個人鍛錬術である。

〝何を鍛えるのか〟は重要な問題だろう。仮に、体中をまとう筋肉をズ太くしたとして、それが果たして真の意味で強い人間を創った事になるのだろうか、という所。筋トレを否定するつもりじゃないが、どうもそれだけじゃあな、という気持ち悪さ。

「やはり〝心〟の部分をなおざりにしては本当の護身とは言えないですよ」

と奥山宗家。初代宗家もこんな言葉を遺している。

「**近頃流布されている凡百の強健的体育は一つは心的求道にのみ堕し、一つは内臓の補強を伴わぬ肉体外表のみの隆起に堕し、ともに心身の調和的発達を自ら阻害している**」

心だけでも体だけでも駄目。と理屈ではわかっていても、どうしても心と体を別個のものと考えてしまうのが現代人の傾向。

しかし、そもそも武術の上でも〝心的作用〟を重要ファクターとして据えている八光流では、鍛錬法とてきちんと〝心〟を見やっている。

「重要なのは中心を鍛え上げるという事ですね。〝肚をつくる〟という事です。〝肚〟ができれば体の動きとしても合理的に作用するし、循環系も上手く働くようになる。そして、精神的にも安定します。これは、あらゆる意味で〝肚〟が人間の中心である事を意味しているんです」

問題はこの〝肚〟をつくる方法が、現代においてはなかなか見当たらない事だろう。西洋医学の普及によって肉体の物質的な解析が進んだ功もあれば罪もあったという事かもしれない。だから心と体が繋がらなくなってしまっている。

もう一つ、初代宗家の言葉を引用しよう。

「一切の精神作用の中心部位である『脳幹視神経床』の部分と、身体の中心的部位たる腰と腹の中央部とを、姿勢、両足の踏み付けより足る物理的反動力、或は横隔膜呼吸より起こる『正中心腹圧』より起こる物理的の力を用いて、霊肉一如、心身一貫的に連絡せしめつつ、気合をもって八光流全般に通じ、且つ一切の体育の基礎となるものである」

これが〝護身体操〟が編まれるにあたっての基本的なコンセプトだ。心と体をあくまで物理的観点から統一的にみる思想は見事という他ない。

120〜122頁が〝護身体操〟全12動作の実際。それぞれに対応疾患があり、改善効果をもたらすとともに、動作が困難ならその疾患可能性が考えられる、という診断効果を持っている。

〝護身体操〟を行っていると、自分の身体状態に敏感になってくるとともに、危険察知能力が高まってくるという。この辺、本当に深い意味での護身を感じさせる。

いかに〝中心〟に到達させるか？

各動作に気合、踏み付けを伴っての〝肚〟(腰と腹の中間部)への集中〟が行われている。

ここが難しいと言えば難しいのだが、簡単と言えば簡単にも思えてしまう秘訣がある。

護身体操

全12動作をそれぞれ左右行う。さまざまな形があるが、いずれも気合とともに丹田に力を集約させる。各動作はそれぞれの対応疾患の改善効果をもたらすとともに、動作自体がやりにくければその疾患が疑われるという〝診断〟機能も果たす。

第一運動

両足を肩幅に開き直立、胸上に腕を組む。眼は水平前方に無邪気に開く。左膝を少し屈し右足を前方に挙上。上体を静かに後方に倒し、口を閉じ鼻からウンと気合。

対応疾患：胃潰瘍、胃癌、全内臓および内臓膜の拡張困難。精神分裂、ノイローゼも軽度ならこれで癒える。

第二運動

第一運動で挙上した右足を一歩踏み出し、支えていた左足を後に伸ばす。腕は胸上に組んだまま、踏み出した刹那、口を閉じ、鼻からウンと気合を洩らす。

対応疾患：眼科的疾患、糖尿病、栄養関係の内分泌の活動則ちインシュリン等を必要とする疾病等。

第三運動

腕を組んだまま右足で立ち、静かに体を前方に倒し、左足を後方に伸ばし、顎を充分上に挙げ、視線は前方を見る。口を閉じ、鼻からウンと気合を洩らす。

対応疾患：胃拡張、胃アトニー、背筋や首筋が凝ってのぼせやすい人、過労とそのために起こる胃腸障害等。

第四運動

第三運動に続いて間髪入れず上体を起こし、右足をぐっと右前方に伸ばし、伸ばしていた左足をぐっと屈して斜め後方に勢いよく踏み付け、鼻からウンと気合。

対応疾患：胃潰瘍、十二指腸潰瘍、朝起きて元気の出ない人、精力欠乏等。

第五運動

両腕を組んだままで左足で立ち、上体を横に倒し、右足を横に挙げ、その爪先は上に引き付け、顔は真正面に向くようにぐっと起こし、ウッと鼻から気合。
対応疾患：思考力、記憶力が乏しいと感じる人、ひび・あかぎれ等荒れ性、難聴、耳鳴り等。

第六運動

第五運動で挙げた右足を右方に踏み出し、上体を垂直に起こしながら、視線を前方に放ち、勢いよくどかっと踏み貫く威勢で鼻からウッと気合を洩らす。
対応疾患：全内臓の運動作用障害、肝臓疾患、ヘルニアの予防と治療、月経過多、血友壊血性予防等。

第七運動

第六運動の腕組みの姿勢から、視線をパッと正面に定め、踵を踏みしめつつ、両手を上方に突き挙げ伸ばす。突き挙げきった刹那、ウンと鼻から気合を洩らす。
対応疾患：内臓膜の虚弱のために起こる、全内臓下垂、等。

第八運動

第七運動から間髪入れず右足を前方に踏み出すとともに右手は拳を肩の前方に下ろし、肘は同時に右体側に密着。左手で右拳を上前より肩の方に抑えウンと気合。
対応疾患：血液新陳代謝の働きが弱った場合の全内臓疾患、腫瘍、ジンマシンを起こしやすい人等。

第九運動

両腕を後方にパッと伸ばし、踵をウンと踏み付けた衝動力とともに両腕を打ち退ける勢いで張り伸ばし姿勢を定める。腰を充分に伸ばし、胸を張り、腹は緊縮。

対応疾患：慢性的に腸が弱い人、小腸の吸収作用の障害による栄養失調、肥満、痩せ過ぎ等。

第十運動

第九運動に引き続いて間髪入れず右足を斜め後ろに踏み付けて、右手は拳を造って引きつけ、左手は右手首を抑え牽引力を強化。前腕と上腕の内側を緊縮。

対応疾患：心臓虚弱、血圧異常、めまい、神経痛、リウマチ、関節炎等。

第十一運動

踵を勢いよく踏み付けてその衝動力の反動とともに両腕を左右に羽根を拡げるような形でパッと肩まで伸ばし、やや背後に腕全体を反らす。

対応疾患：腹膜、肋膜、胸膜、子宮内外膜の諸疾患、内臓の正位を保つ事による自律神経失調改善等。

第十二運動

第十一運動の姿勢から右足を踏み開き、左腕は下から振り回して拳を造り腰後ろに、右腕は右上に振り挙げて回しつつ拳を造って右肩上に。ウッと気合を洩らす。

対応疾患：炭酸ガスの新陳代謝と血液循環の調節が破れる事によって起こる疾患、心筋梗塞症予防等。

姿勢だ。

〝肚〟と言われると得てして陥りがちなのが腹側への偏り。腹直筋を中心に屈筋だけを力んでしまう。簡単に言えば、要は背側も同じだけ使えばよいのだ。そのためにはまず単純に腰の上部を前に出すように、骨盤を立てるような要領で「腰を入れる」のが効果的なのだという（左掲写真参照）。

確かにこれだけで随分違ってくるのだが、大事な所なのでさらに突っ込んでみた。丹田はいわば〝内部〟なので、実感できない者にはなかなか実感できない。そこを実感するための何か良いコツはないだろうか？

この疑問に「あくまで私の個人的なイメージですが……」と断られた上で、奥山貴士師範が答えて下さった。

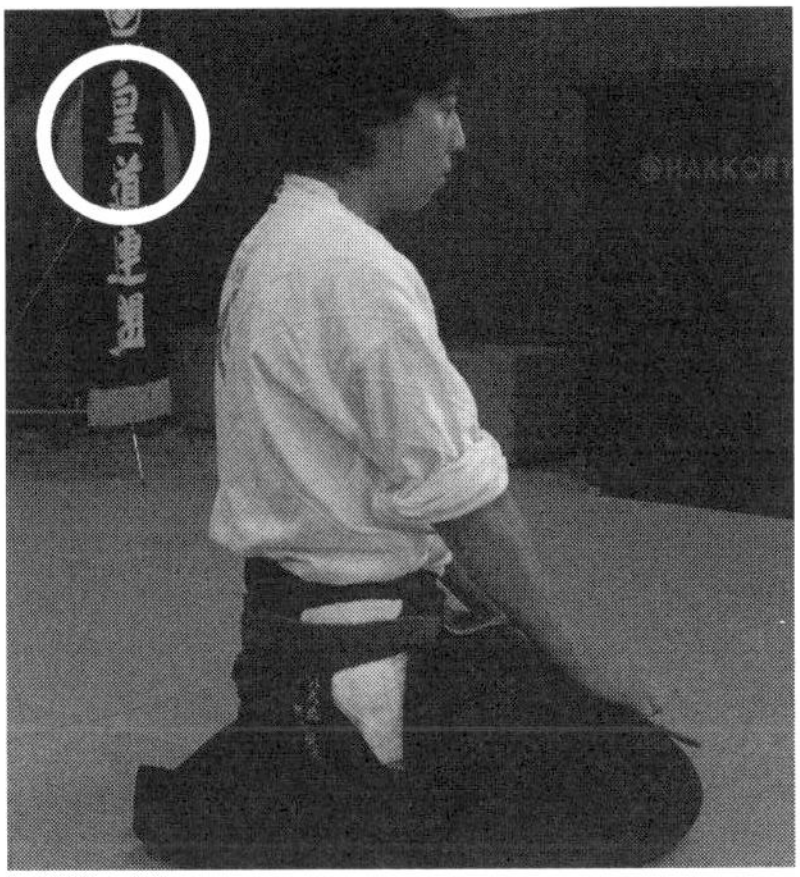

腹側にも背側にも偏らない“その中心（＝丹田）への集中”はちょっとした姿勢の加減でかなうようになる。ポイントは「腰を入れる」。ちょっと腰の上部を前に出すような、骨盤を立てるような要領から生まれる姿勢が「表面的に偏った力み」のない、体幹から定まってくるような身遣いを実現する。上掲二つの写真を予備知識なく見比べた場合なかなか違いに気付けないが、それは姿勢をみる際のポイントが知らずうちに“頭の位置”や“背骨の角度”になってしまっているため。こう見えて中身は全然違っているのだ（帯の角度に注目!）。この姿勢の優越性は技においても普段の生活においても同じ。そしてさらには精神的な意味での安定をももたらす所が意味深い。

「集中なんですが、むしろ膨らむようなイメージなんです。その中心にボーリングの球のような質量のあるものがどかっと出現する感じですね」

なるほど、何となくわかる気がする。収縮させていくよりも膨張させていく方がより中心がはっきりし、遣い様がまんべんなく成立し、かつ腹と背の、屈筋と伸筋の偏りが生じない感じ。

この〝護身体操〟は単体の健康法として誰もが行えるものだ。しかし、八光流柔術を修練する者にとってはもっと技に直結してくる〝体幹の遣い方〟を学んでいるように感じられるのだという。

例えば「第一動作」での片足立ち後傾姿勢はだらっとやると辛いが、腰をキュッと入れると丹田ができ、体幹軸ができて安定する。この体の遣いが実は技の時においても重要だというのだ。

正しい姿勢が大事、とはいえ、人間は常に理想的な直立自然体姿勢でいられる訳ではない。しかしどんな体勢でも、揺るぎない〝中心〟ができていれば崩れない。ここにもたらされる安定は、武術技における体の問題も意味しつつ、同時に日常生活での心の問題も意味している。どんな危急の状況でも安定した精神性を維持していられるのなら、怖いものなどない。これは精神面での〝護身〟だ。


〝護身体操〟の凄い所はまだある。十二の動作、という時点でピンときた方は多いと思うが、実はこれらはそれぞれ十二経絡に対応している。

第一　全内臓拡張作用　中心胃経
第二　栄養関係内分泌作用　中心脾経
第三　全内臓収縮作用　中心膀胱経
第四　生殖関係内分泌作用　中心腎経
第五　拡張収縮調節作用　中心胆経
第六　生殖栄養調節作用　中心肝経
第七　全内臓挙上作用　中心大腸経
第八　血液新陳代謝作用　中心肺経
第九　全内臓牽引作用　中心小腸経
第十　血液循環作用　中心心経

第十一　挙上牽引調節作用　中心三焦経
第十二　代謝循環調節作用　中心心包経

並べてみると実にまんべんない。そしてそのすべてを成らしめているのが他ならぬ〝中心〟という訳だ。
「心はどこにあるのか」に対する答はいまだはっきりしない。今は「脳にある」という意見が多数派だろうか。

しかし、「肚にある」というのが意外に一番しっくりくる気がするのだ。頭に氷嚢を当てても別に落ち着いてきたりしないが、丹田をどうにかする事は確かに精神的落ち着きをもたらすのだから。

「心身の各中心が一つの中心力に連なって段々強くなれば、赤誠無私、純忠純孝、純愛の情緒と明晰、透徹、整然、確乎たる理性と、断乎として正義のために、命運を賭け得る意志が必ず発動してくるのである。体育の理想を簡潔に言えば、精神の中心を肉体の中心に連ね切る、則ち捧げ切る修練と言える。従って私は、一切の教育も悉く体育に従うべきだ、と思うのである」

初代宗家のこの言葉は、決して暴論には思えない。全国の中学校で武道教育が必修化されたが、果たして教育現場はこれほどに深い視点を持ち合わせているのだろうか？
■

第13章

〝縄抜〟に秘められた教え

秘技　〝縄抜〟

先に次頁の写真が目に留まってしまった方は「何事か!?」とお思いになるかもしれないが、これはれっきとした八光流の奥伝技〝縄抜〟である。こんな伝まであるのか、と正直、驚く。

さて、この〝縄抜〟、どうしても思ってしまうのが「なぜこういうものが柔術としての技法体系の中に組み込まれているんだろう」というところ。

「そうそうあるシチュエーションではないですが、こういう時の脱出法を心得ているという事自体には、意義が確かにあるんです。普通ならあきらめてしまわなければならない所を〝いや、打開できる〟と思えるなら、それだけで心的効果は大きいですから」

宗家に言われてなるほどと思う。技術としての実利もさることながら〝心持ち〟。〝心的作用〟を重んじる八光流にしてさもありなん。

しかし、本当に打開できるのだろうか。現実問題として考えた場合、相手がどう結んでくるかはわからないのだ。

「大丈夫です。ポイントはこの技が〝縄解き〟でなく〝縄抜〟であるという所ですね。要するに抜く訳です。どうしても縛られたら解こうと考えてしまいます

師範技 奥伝 縄抜

両手を縄でしっかりと縛り上げられた状態から脱出する技法が師範技奥伝〝縄抜〟。ポイントは「解く」のでなく「抜く」という事。そのためのカギはいかに完全に力を抜く事ができるかにかかっている。最初に力一杯縛られている以上、わずかな力みがあるだけで立ちゆかないため非常に難しく感じるが、逆に、力みがとれさえすれば、どんな結び方をされようが「抜く」という活路は常に存在している、という事でもある。

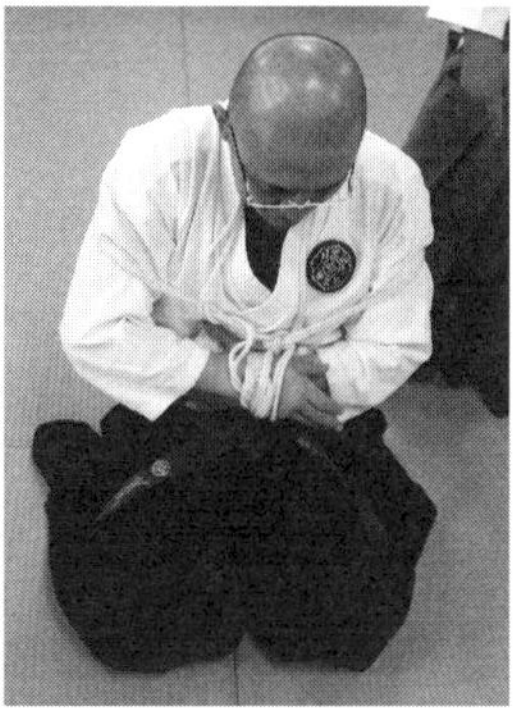

実はより難度の高い、前に縛られる形。見てしまう事によって無意識のうちに力みが生じてしまうからだという。

けど、そうすると袋小路に陥ります。でも抜くんだったら常に活路があるんですよ。人間の体は完全に固くロックされたりはしませんからね。逆に言えば、固くなってしまったら終わりなんです。いかに力まずにいられるか、という所がこの技の核心部です」

〝見てはいけない！〟

実際に見せていただく。相当にタイトに、しかも後ろ手に縛り上げられるのだ。もし自分がされたら、きっとあきらめるだろう。

見ていたら、ものの一分もかからずにスルリと手を抜いてしまった。手品の類でよく見る形だが、これにはタネも仕掛けもない。

動きが小さすぎて見ていてもよくはわからないのだが、先の宗家の説明があったのでどういう事が行われているのかは理解できる。脱力して腕と縄との摩擦を極力減らした上で、少しずつ抜いていくのだ。しかしあれだけしっかりと縛ったのだ。ちょっとやそっと脱力しただけで摩擦をクリアできたりはしないだろう。

「だから、完全に力を抜ききれないと駄目なんです。余計な力を抜くというのは八光流の根本のテーマでもあるんですけど、この〝縄抜〟ではより一層厳密に脱力できないと駄目ですね」

クリアできるかできないかの境界線は、相当に深い所にあるようだ。ちょっと力が入ってしまうだけでビクともしないらしい。

「そういう意味で、実はより難しいのは体の前で縛られる形なんです」

見えてしまうだけに解こうと意識してしまう。そんなかすかな意識が力みを呼んで命取りとなってしまうのだ。何と繊細な事か。

いかにも不自由そうな〝後ろ手〟の形を見て、これは無理そうだと思ってしまっていた。誰でも普通はそう思うだろう。しかし現実の〝打開可能性〟は、本当は全然別の次元にあるのだ。

「表面的な意味で見てしまってはだめなんですよ。

もっと総合的な意味での感覚の方がはるかに大事。例えば相手が複数の場合、その一人ひとりをいちいち見て判断して何とかしようとしていたらとても間に合いませんよね」

師範大会で、先代宗家からの高弟、松本徂山師範が相手をほとんど見ずに演武していた事を思い出す。

八光流は〝一瞬〟のうちに極めてしまうのが大きな特徴だ。それは技の完成度の高さゆえと取られる事も多いが、実は相手をとらえる感覚速度による所が大きいのかもしれない。

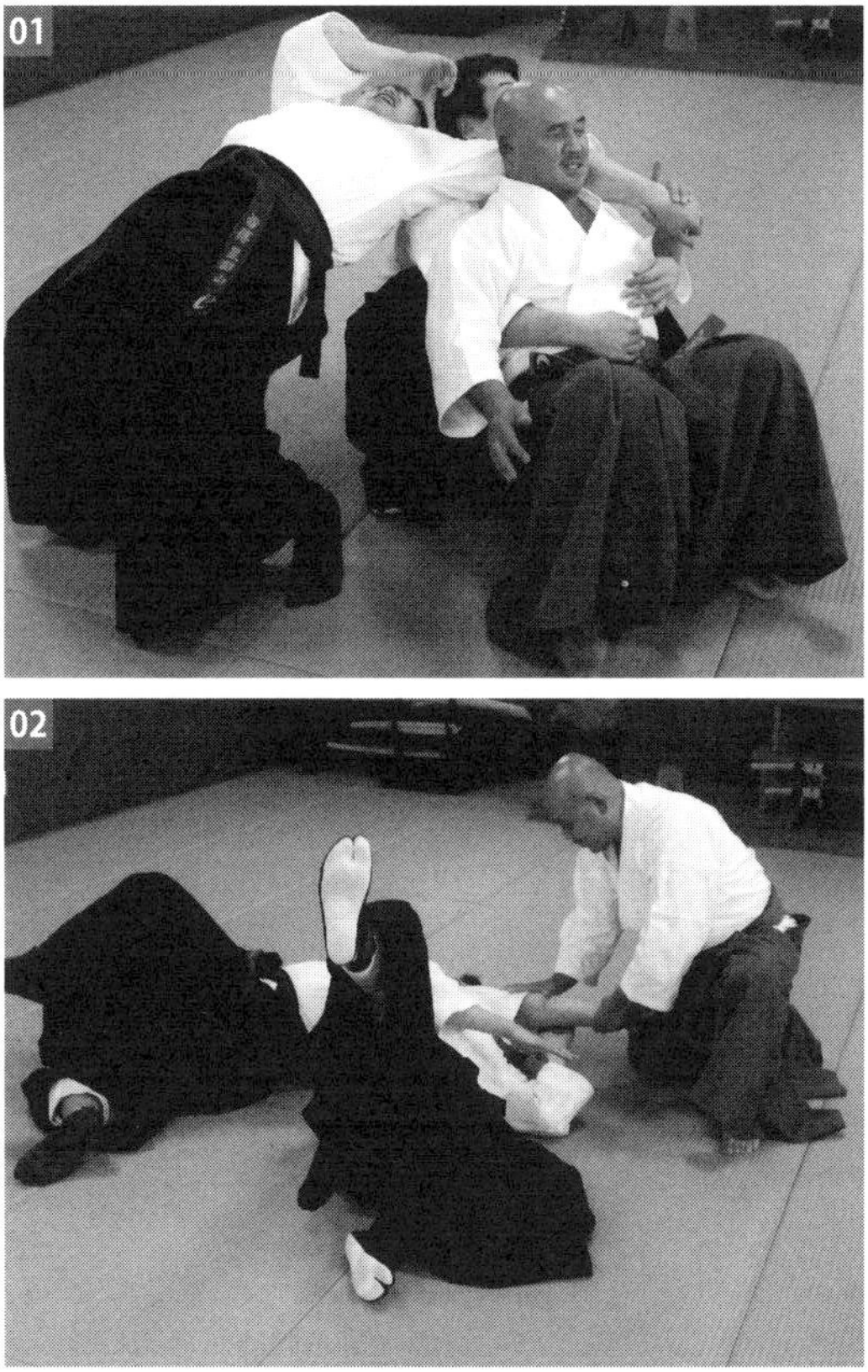

背中越しに二人を崩し制してしまう、奇跡のような宗家の"二人捕"。多人数掛けは、誰かを"見て"しまうと途端に居着き、立ちゆかなくなってしまう。

「観の目」という言葉で表現されたりするところのもの。局所にとらわれず全体をとらえる感覚を研ぐプロセスも、この〝縄抜〟には秘められているようだ。

宗家はまさに相手を見ず、背中越しに極め落としてしまう技を見せて下さった。二人をである。

あんな形で制してしまうなんて、さぞかし難度高かろう、と一瞬思うが、

〝その考え方が間違ってるんですよ〟と、宗家は目だけで語っていた。そうなのだ。今、自分は見た目にとらわれてしまっている。〝後ろ手縛り〟がいかにも絶望的な状況に見えてしまったように。

緻密なる手の内

〝縄抜〟にはさまざまな口伝、要訣がある。そのすべてをここに紹介する事はできないが、一つだけ挙げるとすればこれだ。

「自分で自分の手に〝雅勲〟をかける要領なんです」

〝雅勲〟とは、相手の手首を軽く掴むだけで激痛を与え制してしまう、八光流のある意味象徴的な高度技法。かけられると、とにかくそのままの体勢では我慢していられないほど痛い。

一見ただ掴んでいるだけのように見えるので初めてかけられた時は不思議で仕方なかったのだが、何度も目の当たりにしているうち、それが非常に緻密な手の内によって成り立っているのが理解できてきた。

もちろん力任せに握っては駄目。力は抜かねばならないのは、確かに〝縄抜〟と同じ。〝雅勲〟はかける側としては力んではかけられないし、かけられる側としては力めばひどい激痛に見舞われる。その両者を一人で脱力をもって担うのだ。

「重要なのが〝肘を動かさない〟という事なんです。〝縄抜〟でも得てして肘を暴れさせてしまうものなんですが、それではまず抜けません。脇を締めて手の内だけを精妙に操作する事によって少しずつ抜いていくんです。これは〝雅勲〟もまったく同じ。肘を動かしてしまうのは要するに腕力を使おうとしてしまっている顕れで、〝雅勲〟は腕力でかけるものではありません。肘はなるべく体のそばに置いたまま動かさず、力ではなく〝重み〟をかけていくような要領でかけるんです」

その〝重み〟をかけていく操作もなんとも絶妙。これまで〝雅勲〟という技は何度も拝見してきたのだが、まったく気付かなかった事。今回も自分で気付いた訳ではないのだが、宗家が説明して下さったのでなるほ

師範技 三段 **雅勲**

能動的に相手を掴み、制する〝雅勲〟。一見、力でねじ伏せているように見えるが、いわゆる筋力はほとんど使っていない。相手は反射的に生じる力みによって自ら激痛を招き、それによって制せられてしまうのだ。理屈の上では、相手は掴まれても、まったく掴まれていない状態と同様に力まないでいられればこの技は効かない事になるのだが、普通の人間にはまず無理。肘を体に近い所に置き動かさず、腕の力を抜いてその腕の重みをかけていくように使うのが要領としてのポイント。

01

02

03

どと唸らされたのが〝7↓3〟のさじ加減（左掲図参照）。

こんなに精妙な操作が手の内で為されていたのかと改めて驚かされる。八光流は見ただけではわからない、とはよく言われる所なのだが、確かに〝雅勲〟などは形だけ真似してやってみてもまず技にはならない。〝術〟としての精妙さ。そしてその精妙さをもってすれば〝縄抜〟すら可能になる。それらを実現するのがともに力まないという大前提。「挑まず、逆らわず、傷付けず」という八光流の基本原則が〝縄抜〟にも適用されている所こそが凄いのだ。だからこそ徹底される。

さて、縄という無生物に対して「挑まず、逆らわず」などが自分にできるだろうかと考える。何だか途方もなく難しい事のようにも思えてくるのだ。何か攻撃してくる相手に「挑まず、逆らわず」も、もちろん難しい事だが、自分を縛り付けている縄に「挑まず、逆らわない」事の方がむしろ難しいのではないかとすら思

〝7↓3〟の絶妙さ！

相手の手首へ“重み”をかけていくやり方には非常に繊細で絶妙なさじ加減が存在する。まず、掌底方向、真下に7分目の加減で“重み”をかけ、次にそこからやや前方、相手の手首方向へ残り3をかけていく。この操作によって見事に“雅勲”は決まる。力んでしまっているうちは、こういう繊細な操作はかなわない。

う。どんな時でも、何が相手でも、ブレてしまっては駄目なのだ。初代宗家はそんな思いを込めて、この異色のシチュエーションを体系に組み入れたのではないだろうか。

そしてこの〝縄抜〟を改めて本書のテーマである〝心的作用〟という観点からみてみると、大凡あらゆる危急事態に通底してきそうな、深い示唆を含んでいる事がわかる。

「解かなきゃ解かなきゃ」と漠然とあせっても、決して解決にはならない。まずは直面した問題を受け入れる。逆らわない。そうして力まないでいられたら、気が付けば然るべく、動くべく動けて問題は切り抜けられている。

「あせるな！　落ち着け！」と自分に言い聞かせるような場面は日常よくある事だ。そして得てして余計あせってくる。それは、無意識のうちに「落ち着かねばならない」という課題を自分に課してしまって、それがなかなかクリアできないゆえにどんどんあせってしまうのだ。

逆らわず、ただ、受け入れる。

本当はそれでいいのではないだろうか。無駄に力みさえしなければ、いつの間にかがんじがらめの縄からは抜け出せているのだ、きっと。■

高難度"体前縛り"も見事抜けた！　あせらなければ、必ず活路はある。

第14章 〝活法〟

〝蘇生術〟から学べる事

奥山宗家がこんな事を口にしてドキリとさせられた事がある。

「死体というのは、それが殺されたものの場合は大体、眼球の黒目が下に行ってます。首吊りの場合は逆に上へ行ってるんです」

今やこういう知識は「いったい何の役に立つ？」と思われてしまう所かもしれないが、そんな事より、積み重ねられ続けてきた〝経験則〟のブ厚さに戦慄に似た感動を覚えるのだ。こんな情報、ネットで検索したってなかなか拾えない。〝経験則〟こそが知識を生み、技を創る。そして武術とは、これほどに人間の体を知り尽くし、またそうならざるを得ないものだったのだ。

〝積み重ねられた〟と記したが、さて、その知が最大になっているはずの現代は、とみるとどうだろう。もしかしたら今ほど人間の体に対して無知な時代はないかもしれない。何より、今ほど、被事故者あるいは急病人に出くわした時にオロオロしてしまう時代もないのではないだろうか？ 実際自分自身、ごく最近に〝オロオロ〟する経験をしてしまった。人混みに初老の男性が倒れていたのだが、咄嗟に何もしてあげられなかった。何かしてあげられた人はその場では誰もいなかった。皆、オロオロしているだけだった。

「もちろん、無闇にいじっちゃ駄目な場合も多いんですよ。例えば交通事故の場合は大体動かさない方がいい。そういう時、私はまず脈を診ます」

と宗家は仰った。これは八光流の併伝療術である「皇方指圧」の基本〝脈診〟。手首をとって脈を診るだけで身体全体の状態をはかるのはかなり高度な技術だ。

知識も技術も持たない者は、もう、一刻も早く救急車を呼ぶなり、人を呼ぶなりすべきだろう。しかし一方で最近、駅や公共施設などにAED（自動体外式除細動器）なるものが設置されるようになってきたのは、命を救うための咄嗟の対処が誰もに求められている顕れ。ちなみに、AED処置による蘇生率は1分ごとに7~10パーセント低下するらしい。

「例えば、首を吊ったような場合でも、5分以内なら〝活法〟で蘇生させられる可能性があるんです」

八光流では、皇方指圧とは別に〝活法〟が技の中に体系づけられている。師範技の奥伝で学ぶものだ。

その一例を宗家に見せていただいた。

「まず、起こすのにもコツがあるんです。相手の体を横に少し回転させて背中側に隙間を作り、そこへ自分の膝を差し込む。そうしたら、片手を首の下をくぐらせて反対側の肩に、もう片手は相手の顎に持っていきます。そこからゆっくり持ち上げれば簡単に起こす事が出来ます。起こす方法だけでも大事な事で、何も知らないで勝手なやり方で急激に引き起こそうとすると、だいたい腰が抜けちゃうんですよ。そういう時はまず相手の両手を胸に組ませてもいい。これで体はまとまるし、この体勢は、無意識下に安堵感を与える心的作用もあるんです」

さすが、武術の一環として行われているものだけに、相手をコントロールする術《すべ》に長けている。

こうしてみると、改めて〝武〟と〝療〟は表裏一体であるように感じさせられるが、〝活法〟の武術的意義はもう一段深いところにもある。

「相手を起こすような単純な事でも、技をかけてやろうと思ってやるのと、助けようと思ってやるのでは、違うでしょう。後者の方が上手くいく。八光流の技は

師範技 奥伝 **活法**

起こす

相手の体を横に少し転がし、背中側に隙間をつくる。その隙間に右膝を差し入れ、左手で相手の顎のあたりを掴む。右手を首の下を通して右肩を掴み、ゆっくりと起こす。

蘇生法（一）

起こした状態の相手の腋下に両手を差し入れ、右膝を背中側中央、帯の高さに当てる。両腋下を上げながら引っ張ると同時に膝を出す。

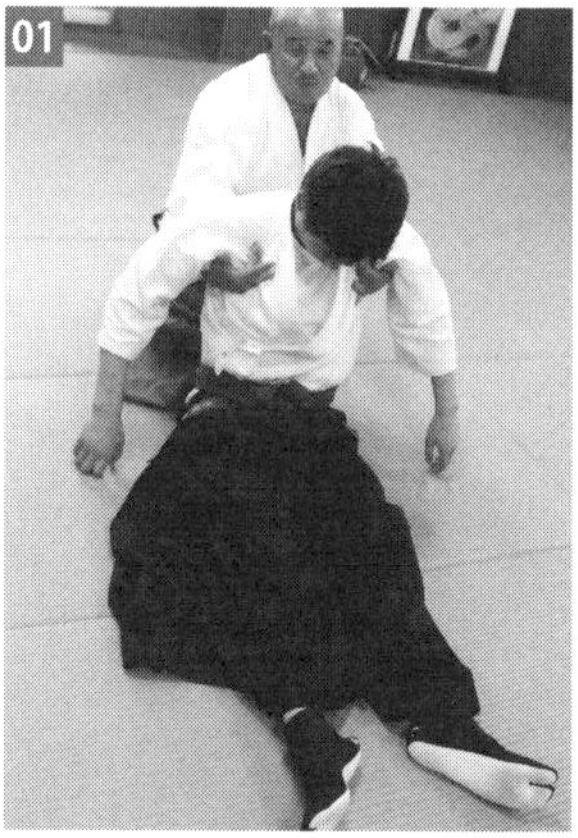

蘇生法（二）

蘇生法（一）で蘇生しなければ再び横臥させ、胸を拡げさせる。相手の手を合わせさせて持ち、自分の呼吸と合わせるように、吐きながら腹方向へ力一杯摩擦させつつ下ろしていく。これを最低20～30回繰り返す。済んだら、頬骨を弾く痛覚刺激。手を合わさせるのは安堵感の心的作用を与える意味合いもある。

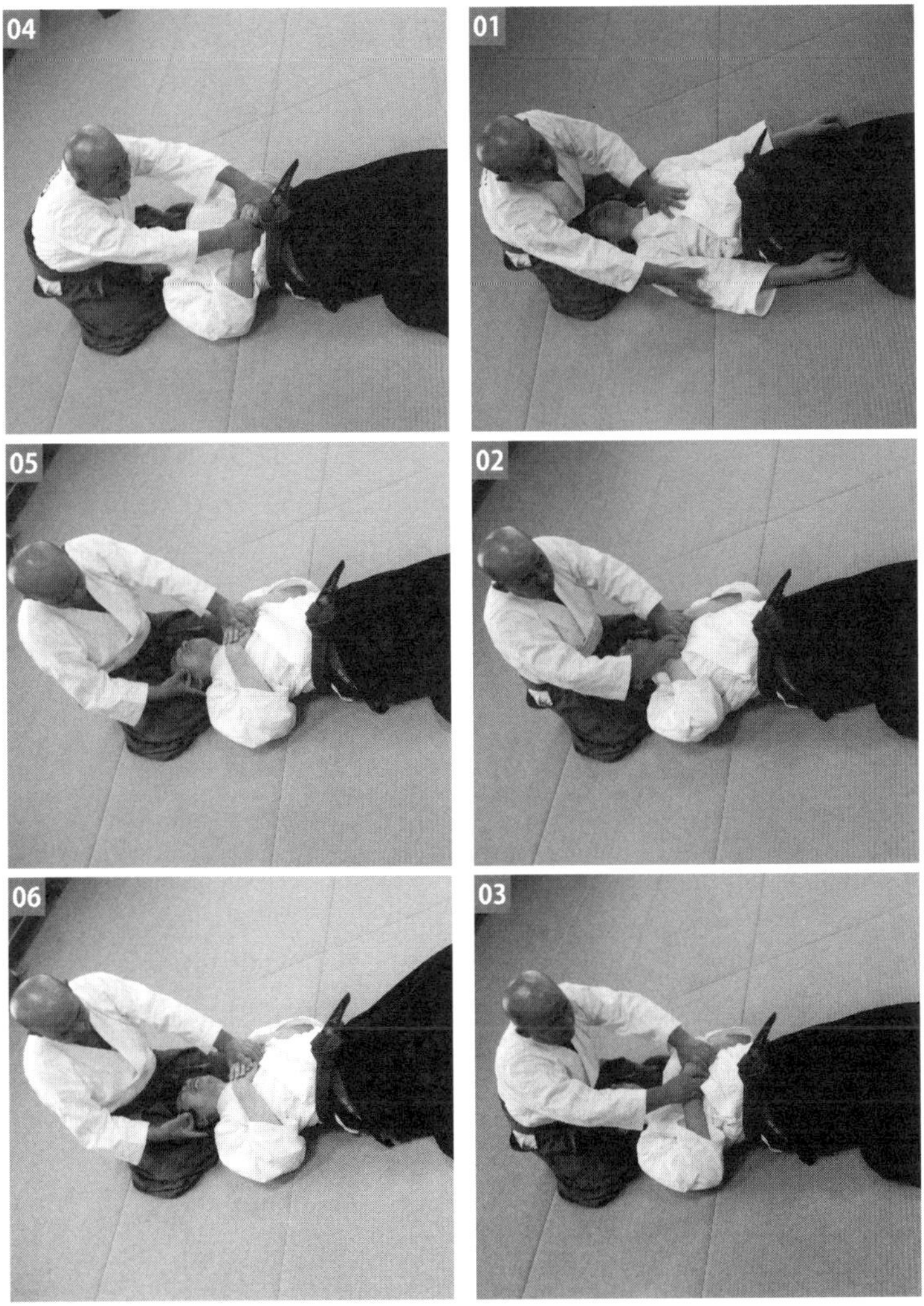

すべてかけてやろうと思ってやっちゃ駄目なんです。『挑まず・逆らわず・傷つけず』というのが八光流という武術の大原則ですが、〝活法〟の心得は結果としてこれを全部成り立たせるんですよ」

なるほど、確かにここでは〝対立〟関係には陥らない。宗家は武術としての技もきっとこの心境で施しているのだ。

〝溺者〟を救う

一刻を争う処置が求められる場面の典型が〝溺れた人〟の蘇生。

「まずやらねばならないのが、飲んだ水を吐かせる事。これが意外に慣れがないと上手くいかないものなんです」

宗家はまず、膝を巧みに使う方法を見せて下さった（次頁写真）。ポイントは胃部を刺激する指圧。的確な箇所に強刺激が与えられるのはさすが皇方指圧じこみだ。モデルを務めて下さっている大川氏が思わず本当に吐きそうになる。

つくづく感じたのが、内臓など、人間の体の内部の状態をきちんと把握していないと駄目だという事。表面的な格好、形だけでは上手くいかないのは技も一緒だ。

もう一つ宗家が示して下さったのが、仰向け状態で、経絡刺激を伴わせて行う方法（140〜141頁写真）。こちらの方が体勢的にも簡単そうではあるが、宗家の施法には独特のリズムがある。そして、ただ表面的に加力しているのでなく、どこか内部と繋がらせているような印象も受ける。おそらく宗家は、見えていないものもみながら行っているのだろう。触覚的にか、はたまた心的にか……。

一般論として、なぜもっと〝活法〟指導が行われないのかと不思議に思う。大袈裟ではなく、人の命が救えるか救えないかの分かれ目となるほど重要な事だし、武術にはジャンル問わず必須ではなかろうか。スポーツしかり。総合格闘技だって、もしも〝活法〟の心得のある者が一人もいない環境で絞め技の練習をやって

〝溺れた人〟への蘇生法（水の吐かせ方）

相手を自分の右膝の上に俯せに載せる。膝は腹に当たるようにして体全体を“く”の字に曲げさせる。左手の指を使って胃を強く刺激する事によって、激しい吐瀉作用が起こる。

いるとしたら、それはかなり危険な事ではないだろうか。

再生させる技術のない者がパズルを解体する行為は、単なる破壊だ。再生させられてこそ、すべてを把握しながら冷静に解体していける。それが本来、武術の技というもののような気がする。

そして、何と言っても心的作用。怒り、憎しみ、攻撃、破壊……どうしても武術につきまといがちなこれらは、実は強力に上達の妨げとなる、排除されるべき足かせなのだ。

自分には〝他者を活かす〟事が実社会、実生活においてどれだけ出来ているだろう。そんな発想すらなくしてしまってはいないか？

今、失われかけているものが、八光流には確かに守られている。■

胸から腹に向かって強く圧迫しながら摩擦する。20回ほど繰り返したら胃の下部を鋭く刺激。吐瀉作用とともに、意識回復を呼ぶショックが与えられる。

01

02

03

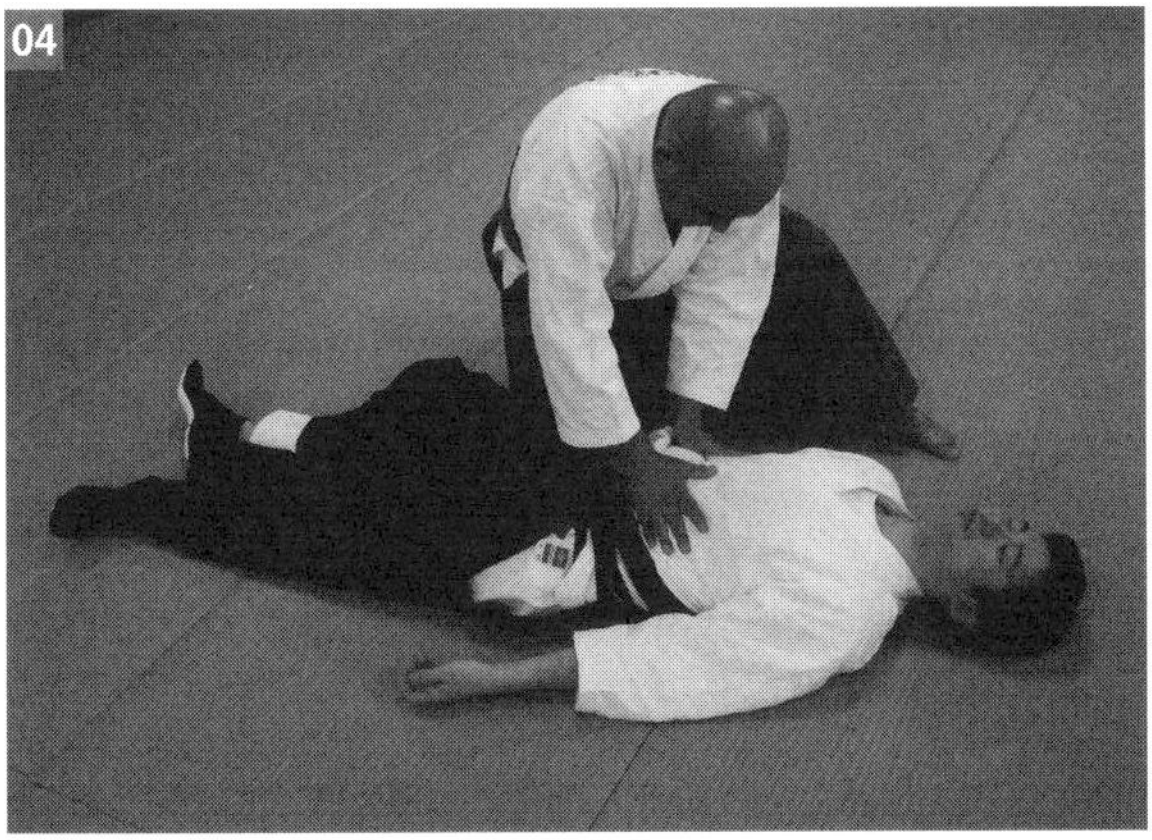

04

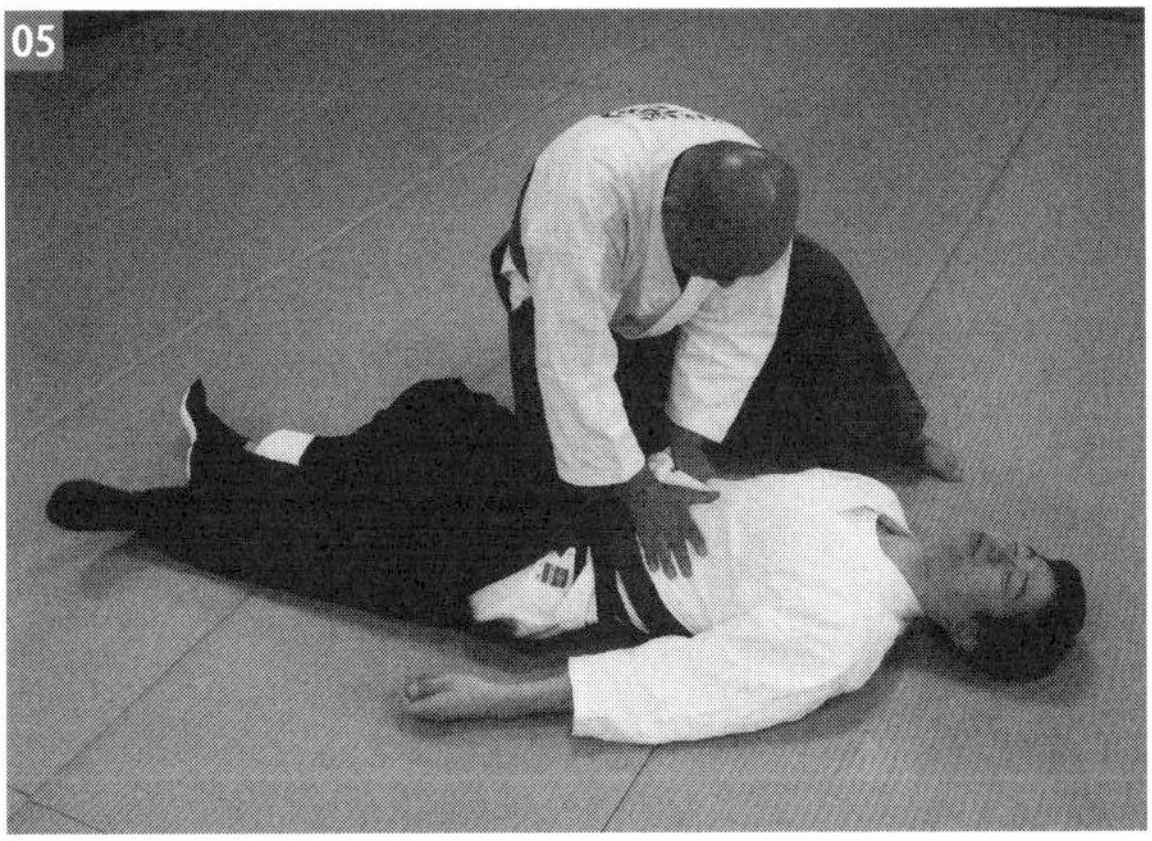

05

06

第15章

〝やり過ぎない〟

アレンジ無用

上掲写真は皆伝・奥伝技〝睾丸絞〟。

相手の左腕が相手自身の右腕によって制され、その右腕をもって技名にもなっている例の箇所を絞り上げる格好になっている（24頁でも紹介済み）。

いったいどういう過程を経たらこんな形になるのか。と、疑問に思われる方のために、全行程を示したものが次頁の連続写真だ。

ここで言いたいのはけっこうなプロセスが存在しているという事。

01
02
03
04
05
06
07
08
09
10
11
12

「こういう技を見ると、相手をいくらでも自分の好きなように動かせるんだと錯覚してしまうんですけど、そういう事じゃないんです。この技にはこの技の必然があって、こちらが自由に動かしているんじゃなく、動きはあくまで相手自身によるもの。相手が自らそうなっていくように仕向けているのが〝技〟なんです」

と奥山宗家は語った。

この辺、自分も少し勘違いしている所があったかもしれない。八光流にはほんのわずか触れる程度で相手を崩してしまう〝技〟がいくつもある。そういうものがあれば、相手を自分の意図通りに動かす事も難しくないのでは、という気がするのだ。

「八光流の技はいくらでも応用ができるものではあるんですが、自分勝手に余計な動きをしちゃいけない。〝アレンジ〟をしちゃいけないんです。どうしても、やりたくなってしまうんですけどね。そうなると〝技〟ではなくなってしまう。きちんと効かせどころを心得ていないと、どうしても〝技〟はやり過ぎてしまう」

例えば、と宗家が示して下さったのは、これまで何度も拝見している初段技〝手鏡〟。この技の思わぬ深さを思い知らされる事になった。

幾重もの〝崩し〟

「〝挑まず、逆らわず、傷付けず〟っていう八光流の原則は、極端な言い方をすれば能動的に何もしないって事なんです。でも〝技〟であるからには、やってしまいたくなりますよね。そもそもこの二律背反をはらんでいるんです。〝手鏡〟（146〜147頁写真）は最終的に相手の手首をたたんでそこを手刀で斬り落とすようにして投げますが、そこの〝手首極め〟に気をとられすぎると、やり過ぎてしまう。そうなると技がかからないばかりか、自らを崩す事になってしまう。本当はそれよりも前に崩しは成立しているんです」

宗家が掴まれた左手首をスッと差し上げると相手の掴み手にそっと右手を添えた。

「これでもう崩せてます。こうするとわかるでしょう」

そのまま両手を少しだけ下ろす。すると相手の体勢がいまにも倒れそうな格好になった。相手の右手は多少不自由な格好には見えるが、極められている、というほどではない。

「ポイントはこの両手を自分の正面、中心に置く事ですね。相手はこちらを掴もうとしている時点でもう、持・っ・て・い・か・れ・て・る。崩れてるんです。下ろすのも力でなく腕の重みだけです」

こうしてみると、宗家がした動きらしい動きは左手を差し上げる事くらいだ。

「相手を投げられるのは、手首を捻るからじゃない。そこを分かっていないとやり過ぎてしまう。〝捻ろう〟としてしまうんです」

なるほど。さらに特筆すべきは、この技の間中、宗家はただの一歩も動いていないという事だ。動かないから崩れない。

「もっと言えば、その前にも崩しが成立している瞬間があります。最初に掴まれますね。ここで相手は押し込んできています。ここで逆らえば力比べになってしまいますけど、そんな事をする必要はない。何もせず、腕には〝腕の重み〟だけあればいい。それだけで簡単には動かされないし、それを突破するほどの力で押し込んできたら、押し込ませればいい。相手自ら崩れていくだけですから。だから厳密には掴まれた瞬間にも崩しは成り立ってるんですよ」

驚いた。そんな多層構造になっているとは。掴まれた瞬間崩せている、とは言っても見た目にはなかなか気付きにくいほどのレベルだ。だからその先をさらにやらねば、と思ってしまうのだろう。分かりやすい極めを重ねていこうとすれば技らしくなっていくが、実は逆に技でなくなっていってしまうというのが何とも皮肉。

初段技 手鏡

両手首を掴まれた瞬間、その手を〝手鏡を見るように〟（掌を自分に向け）弧状に差し上げる。右手を添えつつ、左手の〝重み〟をそのまま相手の右手に乗せていく。左手を一旦切りつつ右の添え手で相手の手をたたむ。たたんだ手の上から左手刀を落とすようにして崩し投げる。

最後に投げる原動力は、相手の手首を捻るのでも下へ押し下げる力でもなく、ただ腕の重みを乗せるだけ。ポイントは力ではなく、作用点を自分の正面中心にとらえる事。

〝やり過ぎない〟から動けない

149頁は二段技〝木葉返〟。相手の上段突きを手刀で払ってから、これも宗家は一歩も動いていない。

崩しは〝重み〟を下ろしてるだけ。だから力む必要もない。よくよく考えてみれば、何もしてないんじゃないか、と言ってもいいような技だ。

特筆すべきは最終局面の写真07。制しているのは相手の右手だけで後はフリー。いかにも暴れて抵抗されたり、蹴りで反撃を食いそうだが、これが奇跡的にと言うべきか、相手は身動きがとれないのだ。

「人差し指から手の甲側を通る大腸経のラインをとらえると、全身に縛りが効いて蹴りも出せなくなるんです。それを、手首を折り曲げようとやっきになると途端に角度が変わり、解除されて動けるようになってしまうんです。これもやり過ぎないからこそ極まる技ですね」

これは、まずは不安とのせめぎ合いだろうなと思った。できないうちは、たった片手だけで完全に制し得るはずがない、とどうしても思ってしまう。不安だからいろいろ重ねようとしてしまう。その結果どんどん技から遠ざかってしまう。

その不安から、心的に脱出できた時、身的にも別の次元へ昇華されるのだ。いや、身的に別次元に行けたから心的に解放されるのか……!?

思えば〝やり過ぎるな〟といういささか心的な教えは、武術を大きく次元転換させたような気がしてくる。

遠く戦国期にまで遡れば、武とは相手を完膚無きまで痛めつけ、殺し、二度と自分の敵たり得なくさせるのが目的だった事だろう。だから、攻撃力には直接的でわかりやすい強大さが求められた。それが武術だった。

しかし現代、「過剰防衛」という法律用語に象徴されるように、たとえ身を護ろうとした結果にせよ相手をいたずらに傷付けてしまえば、それはどちらにとっても不幸せな事。人間はそれに気付いたのだ。

ここに奇跡が生まれた。〝やり過ぎない〟という方法論によって、強大な攻撃力などよりもむしろ強力に相手を制し得る〝理〟が発見されたのだ。それが八光流という武術なのではないだろうか。

〝とことんやるべし〟という攻撃性もある種の魅力があるが、〝やり過ぎるな〟がもたらす心の余裕には、少し次元の違う強さ、大きさを感じてしまう。

それに、〝やり過ぎるな〟が前提の武術は、それだけで身に付きやすそうな気がしてくる。スッと入ってきそうな気がする。

仕事だって、「とことん働け」じゃなく「やり過ぎるなよ」なんて言われた方が、それこそやり過ぎるくらい働きたくなるのが人情ではないか。■

二段技　木葉返

右上段突きを左手刀で払い、そのまま手を覆いかぶせ、重みで落とす。落とす勢いのままに相手手首を返したら、小指で締めつつたたむように落とし崩す。相手が倒れたら右肘を地に着けさせた状態で相手の手首をやや足方に向けるように経絡（大腸経）を極める事によって全身の動きを封じる。

第16章

〝正面〟

半身無用之事

かなり詳しい人でない限り、八光流は大東流や合気道と同系の武術と認識されているのではないだろうか。ある意味においては正しくもあるのだが、実は一つ、意外に知られていない非常に大きな違いがある。

八光流は〝半身〟をとらないのだ。

正姿勢を大命題とする八光流にとって、〝半身〟をとろうとするのはそれだけで自らの姿勢を崩してしまう行為なのだ。

〝半身〟は〝半身〟で「相手からの攻撃を受ける面積を小さくする」という利は確かにある。

その点どうなんですか？　と問うてみる。例えばストレートに殴ってきたら……

すると宗家は事も無げに次頁写真のような手刀払いを見せてくれた。

「胸より高い所ならカチ上げて、低ければ落とす。簡単でしょ？　同じ動作ですから」

まあそうだけど、そんなに簡単でもないよな……と心の中で思っているのを察されてしまったのか、宗家は非常に大事な説明を続けて下さった。

「いかに腕の力が抜けるかなんです。力を抜くほど速く動かせますから。そして必要な力は、筋力じゃな

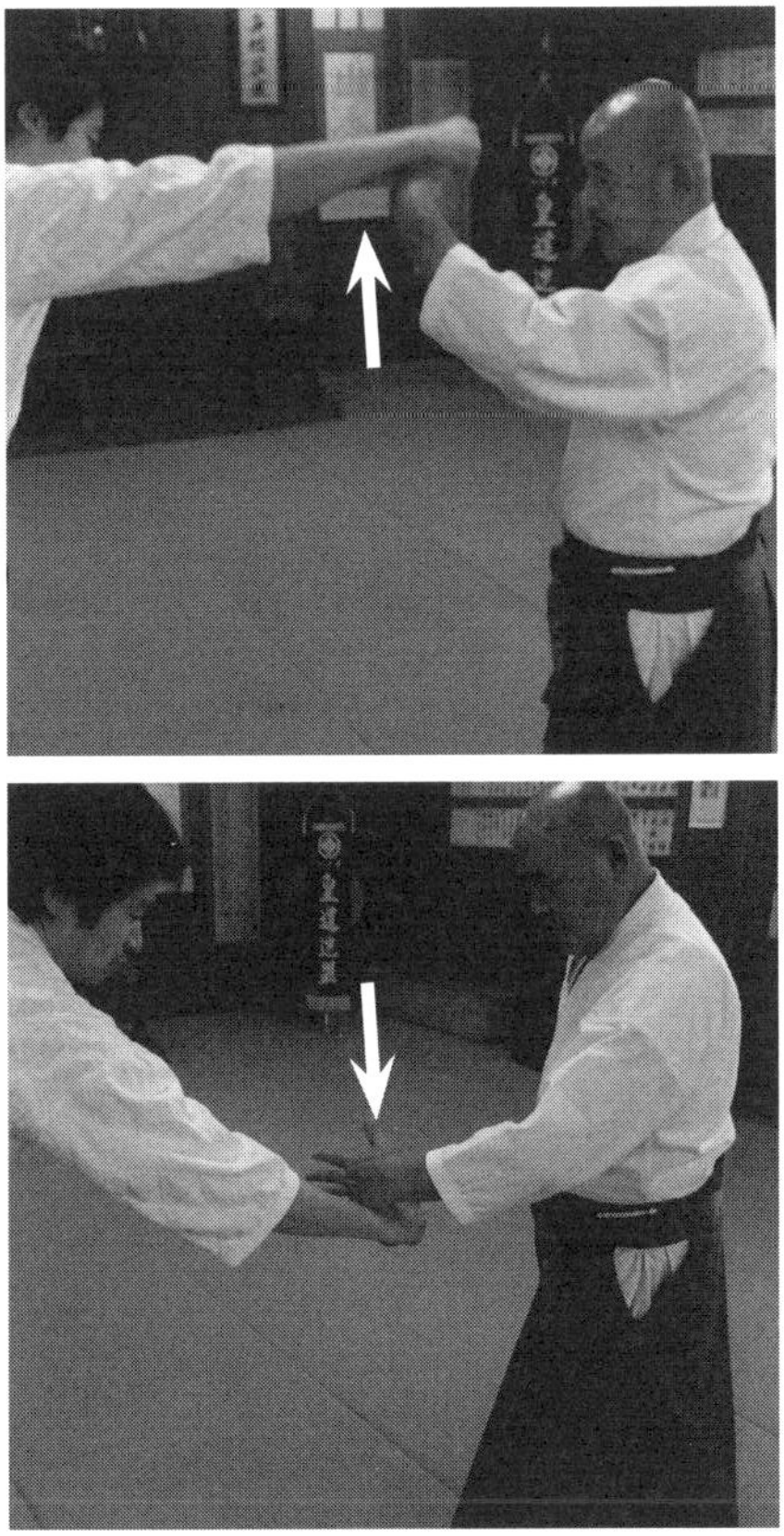

胸より高い位置ならカチ上げ（写真上）、低ければ叩き落とす（写真下）。単純に紛れのない動作だけに咄嗟に生み出せる防御壁。腕は出来る限り脱力して腕全体の重みを活かすようにすると、思いの外苦労なく攻撃を逸らせる事ができる。つまり腕の“脱力”が重要課題になってくるが、そのためにはまずあわてて体幹をたわめて逃げようとしたりしない事が必要なのだ。正しい姿勢でいてこそ力は抜ける。

く〝重さ〟なんです」

こんな風に……と、スッとこちらの手首にぶつけられると、とんでもない痛みと衝撃が走った。〝重さ〟だけのはずが、これほどの運動エネルギーになるという事に驚かされる。こうなると、そもそも重量感のある腕をされている宗家なのだが、右掲写真のように片手を体前に出されるだけでちょっと攻撃などかないそうにない気になってくる。物理的にというよりも〝質感〟という感じだろうか。

「咄嗟の時に腕の力が抜けるかにかかってくる訳ですけど、そのためには〝半身〟で捌こうとしたり逃げようとしたりしちゃ駄目なんです。した途端に無駄な力が入っちゃいますから」

なるほど、それで姿勢が大事となる。基本は〝正面〟。逃げない。

しかしながら、八光流においても半身に逸らす動作

対刀だろうが正面へ！

方向の違う斬撃への対応二例。ともに正面から入っていってしまうことによって防いでいる。〝タイミングの妙〟ともとれるが、何と言っても躊躇無き前進こそが為せる結果だろう。〝斬り付けよう〟とする瞬間の相手は実はその自らの行為によって崩れている。だからこそ、自分さえ崩れなければこんなに簡単に済んでしまう話なのだ。

横からの斬撃に対して

はまったくやらない訳ではないし、おそらく〝刀〟の要素を色濃く残している大東流や合気道において〝対刃物戦略〟としての〝半身〟はそれはそれで有効ではあるだろう。急所たる正中線をさらさない意味合いもある。

八光流にも〝対日本刀〟の技はある。それはどんな捌きになるのだろうか。

それで、示していただけたのが上掲の二例。それぞれ技としてもう少し長い過程が存在するものだが、まず相手が斬撃にくる冒頭部分だけを抜いたものだ。

やはり〝正面〟なのだ。横から来ようが上から来ようが、正面から入っていってしまう。実は日本刀は、強力な反面、ヒットポイントが非常

上からの斬撃に対して

に限定された武器とも言える。その内側へ入ってしまう方が下手に逃げようとするよりも安全だったりする。

「かわそうとしちゃ駄目なんです。かわそうとしたら自分が崩れてしまう。真っ直ぐ入っていけばいいんです。力を抜いて」

実際は日本刀を携えた人間に直面したら、斬られたくない、という〝恐れ〟、いつどちらから来るんだろう、という〝思考〟、さまざまな要素が体を強張らせる。実はここで重要なのは、「絶妙のタイミングで入っていく」事ではなく、ただ単に「躊躇無く入っていく」事ができるかどうかなのだ。

「結局〝半身〟はある意味確率論に過ぎないんです。上から斬ってきたのに対しては有効かもしれないけど、横から斬ってきたのに対してはそうではないかもしれない。それじゃ結局相手がどうくるか、に応じて変化しなけりゃならない。相手に対応するのは武術に必要な要素ではあるんですけど、対応しようとしすぎて、予測しようとしてしまうようにまでなったら、根本的に駄目なんです」

〝恐れ〟も〝思考〟も予測だ。事がどうにかなる前だから、あらかじめ恐れてしまったり考えすぎてしまったりする。そのいずれもを捨て去るための要訣が〝正面〟なのだ。右や左を考える必要などない。〝正面〟でいい。何しろ、目の前の敵に対して一番強い姿勢は間違いなく「正対」なのだから。

〝くれてやれ〟

誰にでも苦手な人、嫌いな事や怖い事というものがあるだろう。それでも何とかしなきゃならない、逃げ出せない、という時に、どういう姿勢で対しているだろう。ほとんどが顔を背け気味だったり、引け腰だったり、何となく回り込もうとしたり、してしまうものだと思う。その結果、〝心的〟にも〝身的〟にもいびつになって、とても力など発揮できない状態に陥ってしまうのではないだろうか。

苦手だろうが嫌だろうが怖かろうが、本当にそれを克服したいのなら、正面から入っていくしかないのだ。そんな事を連想していたら、宗家は杖を手にした。今度は相手が武器を持っているのではなく自分が持っている格好だ。

そこへ掴みかかられる。下手すれば奪われてしまう。

「ここではさっきとはまた違った〝心的ブレーキ〟がかかってきますよね。自分に武器があって相手になければ立場的には有利ですが、それが奪われてしまったら、一気に、劇的に不利に変わってしまいます。だから〝どうしても奪われたくない〟という気持ちが湧いてくる。体はどうするかというと、引っ張り返そうとして固まってしまうんです。それじゃ駄目なんです。もう少し冷静ならば、右へ振ったり左へ振ったり、相手のウラをどうにかしてつこうという事もやるでしょうが、正解はさっきと一緒ですよ。〝正面〟に入っていけばいいんです」

宗家は引っ張り込もうとする相手の力に逆らわず、スッと正面に入っていく。それだけで相手は体勢を崩してしまう。

「武器なんかくれてやればいいんですよ。そんな気持ちでポーンと力を抜けば、必ず打開できるんです」

八光流の重要教義『逆らわない』のまさに実践だが、それが単に相手ペースになってしまうのでなく、ちゃんと打開に繋がっているのは、やはり〝正面〟だからだ。

八光流は〝半畳あれば技がかけられる〟というくらい、本当に動かない。移動が少ないのだ。

「無闇に走り回ったりすれば、自分が崩れていきますからね。右など左だの、必要ないんですよ。ただ〝正面〟で、自分が崩れずにいさえすればいい。それが八光流の技です。言ってみれば、相手が勝手に崩れていってくれてるんです」

ここがもたらす〝心的作用〟は大きいだろう。言ってみれば「何も取り繕う必要がない」という事なのだから。

自分は〝正面〟で、崩れず在ろうとしているだけ。ならばどこも不必要に力んでしまったりもしないだろう。そして結果として最大限の力を発揮する事ができる。そんな状態でいられる。

という事ならば、常日頃の生活の上でもそんな風に生きられたらいいなとつくづく感じてしまうのだ。

別にすすんで他者を傷付ける必要などない。大事なのは自分がどう在るか。

そして、逃げない。

たとえやっかいな相手でも〝正面〟から向かい合っていく事より他に解決策などないのだ、本当は。

今度、思わず顔を背けたくなるほどの難題に出くわしたら、いっそ〝正面〟から入っていってみようか。

そんな事ができた瞬間に初めて〝足かせ〟がはずれるのかもしれない。初めて自分の本当の能力が発揮されるのかもしれないではないか。

■

皆伝 奥伝技 **杖押捕**

杖を相手に掴まれる。奪われたら圧倒的不利になるが、奪われまいと引っ張り返そうとせずに、相手方向に進み出ながら、相手の両握り手の間の部分を掴む。相手に正面を向けたままさらに真っ直ぐ相手方向に入っていくと、相手は掴み手も姿勢も完全に崩れていってしまう。崩れかけた相手の左手を〝雅勲〟に極めてコントロール。地に伏せさせ左腋～股間に差し入れた杖を足で踏み付けると完全に身動きができなくなってしまう。

01

02

03

04

05

06

07

08

第17章

我が身はいずこ？

技は〝地球〟がかけている

「八光流は半畳あれば技がかけられる」とは、前章に記したが、これは〝あちらこちらと動き回らない〟というのと同時に、テイク・バックやフォロー・スルーを必要としない。という事も意味している。

「空手家と戦う事になったら、便所の個室に連れ込んでやればいいんです」

と奥山宗家は冗談めかして仰るのだが、実際、便所の個室程度のスペースでも戦えるのが八光流なのだ。

そんな武術が他にどれほどあるだろうか……と考えてしまう。

打撃系ならずとも、体術系でもある程度は水平方向の距離が必要だ。

右や左に振って崩したり、相手が突っ込んでくるその移動力を利用したり。

では八光流ではどうやっているのか、という所を訊ねてみると、宗家はこう語った。

「おもに垂直方向の力ですね。〝重力〟です」

さてこの「〝重力〟を利用する事」、言うは易いがやるとなると実はかなり難しい。

それはある意味、とくに現代人においては、多くが無意識下に運動テーマを〝重力に抗う事〟に置いてしまっているからではないだろうか。

本書読者の皆様ならば「そんな事はない」という向きも多いかもしれないが、我が身にしてみれば思うのだ。重力がなければ移動も速くできるだろうし、質量の大きい物だって持ち上げられる。〝重力がない世界の方がきっと楽だろう〟と。〝重力を利用する〟などというのは発想自体がない。

とにかく、実際の技法で見てみよう。

次頁写真は二段技〝打込捕〟。

形としては、柔術系他派にも類似型がみられる比較的〝ポピュラー〟と言っていいものだと思うが、さすがは〝半畳〟の八光流。横方向の崩しをまったく用いずにその場で極めてしまっているのは見事の一言。

〝もう一度お願いします〟と繰り返しを懇願。何しろ八光流の技はあまりにも素早く終わってしまうので、この〝もう一度〟は取材の恒例になっている。何度も痛い技の相手役を引き受けて下さっている大川師範が、澄んだ瞳の奥から何かを訴えかけてくるがそれは無視する事にする。

まず、大川師範の打込みを宗家が弾くでもなく掴むでもなく、絶妙な頃合いにとらえる。

「逆らっちゃ駄目なんです。相手の突きにもね」

〝逆らわない〟は八光流の大原則だ。だから力を込める必要はないのだ、とも言える。

手の小指側が上を向くようにとらえた宗家は、そのままさっきと同じように瞬時に極め落としてしまう。

「ここも逆らわない事ですね。力は使わない。ぶら下がるだけです」

……〝ぶら下がる〟?

考えてみれば、武術の技法解説としてはほとんど使われない言葉だ。形的には〝体重を載せていく〟などならわかる場面だが……。

「どうしてもここで相手の手首を捻りたくなっちゃうんですよね。でもそれじゃ駄目なんです。〝技をかけよう〟としたら技はかからないんです。力をかけるんじゃなくて、力を抜いて〝重さ〟をかけるだけでいい。だから〝ぶら下がる〟なんです」

なるほど、どうしてもやりたくなるのは下・方・向・に力をかけるという事だ。これは別の言い方をすると、自分の体を持ち上げるという行為。テーブルに手をついて下方向に力を入れれば立ち上がれる、という事。真逆だ。

余計な力を抜く、いわゆる〝脱力〟の重要性がさまざまな分野で説かれるようになって久しいが、実はこれが相当に難しい。教えるのも難しい。不要な力みが〝無意識下〟に生じてしまっている以上、教えも〝無意識下〟に働きかけるものでなければならない。その言葉を、八光流は実にさまざま持っているのだ。

この〝ぶら下がる〟も実に絶妙なセンで見事。よくよく考えてみるとなるほどと唸らされた。

二段技 **打込捕**

上段へ打ち込んでくる相手の手を、弾くでもなく掴むでもなく、〝添わせる〟ような絶妙な加減でとらえる。そのまま捕捉した手の小指側を上に向かせて、落とすように手首を極める。この形は相手の腕を水平S字型にしたり、手の先を自分の体で固定したりすると極まりやすくなるが、八光流ではこの場面での形状的な口伝はあまり存在しない。「手首を極める」と記したが、印象としては全身を一気に落とすような感じ。

04

05

06

07

08

実際には木の枝にぶら下がるかのように全体重が手にかかってくる形にはなっていないが、ぶら下がろうと真に脱力できた瞬間、両腕自体の重みがそのまま相手にかかってくる。この重みが実に馬鹿にならない、想像を超える大きさの力となるのだ。

ちなみに〝腕〟だけでの物理的重量はだいたい片腕で4~5キロといった所。両腕なら約10キロ。10キロの錘を水平に伸ばした片手の上に載せられたら、そのまま平然と維持できる人はほとんどいないだろう。

また、〝ぶら下がる〟には、別な意味で八光流という流儀の思想が顕われてもいる。すなわち、逆らわずに自然に相手に添っていく、という事。上位から相手を制圧する、ではない。位置的に言えば対等もしくは相手より下、それが〝ぶら下がる〟だ。

そして〝ぶら下がる〟ほど相手任せな態度もないだろう。急場でそんな心理状況になれるのなら、確かに真の脱力もかなうような気がしてくるのだ。

大宮駅から技をかける

164~165頁の写真は皆伝技〝胸押捕〟。パッと見の極まり方としては、先の〝打込捕〟と非常によく似ている。

しかしよく見ると、相手の手が小指側が上になるように返されていない。よって技としてかなり違うものなのだが、印象として言うならば、やはり非常によく似ているのだ。それは、おそらくどちらの技も、手首を無理矢理捻り込むのでなく、もっと大きな重力生起の力をドンッと落とし込む事によって相手を崩しているからだろうと思う。

なにしろ、この〝胸押捕〟は掴んできた瞬間、何の操作もせず〝そのまんま〟を極めてしまっているような印象だ。だから恐ろしく速い。

この技において、印象的な教えの言葉が残っている。初代奥山龍峰宗家が現宗家に対して残した言葉だ。

「〝自分は裏の斉藤さん家《ち》にいると思ってかけろ〟っ

て言うんですよ。何だと思います？」

……何だろう？

「自分はその場にいちゃ駄目なんですよ。その場にいて、その目の前の相手と戦っちゃ駄目なんです」

なるほど。彼我全体を俯瞰する、くらいの意味合いなら〝道場の天井隅〟程度の距離感でよさそうなものでは、と一瞬思ってしまったのだが、道場の外で完全に相手と戦わない関係になる事こそが重要なのだ。そういう位置関係になってこそ、掴んできたその手に逆らおうとか、捻ってやろうとか、どうこうしなきゃという発想が消えてくれるのだろう。そして何より〝恐怖心〟が消える。この心的効果は大きいだろう。

聞く所によると、初代宗家は時に〝自分は今大宮駅にいると思って技をかけろ〟とも説いたという（注：八光流本部道場は大宮駅から歩いて20分ほどの所にある）。

ここまでいくと、一体どっちに向かって何を見ればいいのか、そのイメージ自体がよくわからなくなってくる。……と思ってふと気付く。

見ては駄目なのだ。主観的に対象に臨んでしまっては駄目なのだ。

主観的、対立構図的な意味合いで見れば得てしてそこにとらわれる。とらわれれば、そこへ何かしらしよう、あるいはせねば、という気持ちが生じ、意識的にせよ無意識的にせよ〝力み〟が発生してしまうのだ。

武術を修練していく上で、最も大きな敵となるのは〝無意識的な力み〟だろう。自覚がないから改善の見込みも非常に薄い。そこからクリアしてしまおうという教えの言葉が、八光流には確かにあるのだ。

多くの場合、武術においてその目に映っているものは〝敵〟の姿。だから大概はそれに対してどうすればよいか、という「方法」の部分を主軸にしてさまざまな技術が展開されてきた、と言えるだろう。

しかし今回ご紹介した八光流の教えは、いわば〝自分の在り方〟なのだ。身体状態でもなく、それ以前の〝在り方〟。本当の意味で自分を捨て、本当の意味で全体をみる事ができるか、そこをこそ求めている。それができた時、実は初めて武術の真の強さというものが手に入るのかもしれない。そう思うと、古のさまざまな流儀の達人たちも、それぞれにそんな、同じ方向をみた言葉を残しているような気がしてくるのだ。〝観の目つよく、見の目よはく〟……。

取材帰り、道場から大宮駅への道すがら、何度も通って目に入っていただろうはずなのに気には留まらなかったある魅力的なお店の存在に初めて気が付いた。寒さもゆるんで、余計な力が抜けてきたせいなのかな、とちょっと思った。

■

皆伝技 胸押捕

胸襟を掴んできた相手の手を両手でとらえ、そのまま瞬間的に落とし極める。さすが皆伝技と言うべきか、相手の腕を強く固定したりとか、返させたりとか、捻ったりだとかいった物理的操作がほとんどないような印象。胸元から直撃してくる相手の力といかに喧嘩せずに、重力生起の力を瞬間的に相手に向けて落としてやる事ができるか。この技はいわばそれだけなのだが、だからこそ強力なのだ。

03
04
05
06

第18章

〝三大基柱〟

三つの極意

本稿もついに最終章。これだけは取り上げずに終われないとひそかに思い続けてきたテーマが一つあった。

〝三大基柱〟……八光流の最高奥義である。そう簡単には教えてもらえない、秘伝中の秘伝である。しかし知りたい。〝三大基柱〟がいったいどんなものなのか。

「〝三大基柱〟は八光流ができた当初からあったものじゃないんです。成立は昭和49年って言っていいと思います。今はないんですが、千葉の九十九里浜に四ツ目寮という合宿所があって、そこで教伝されたのが最初です。20人くらい集まって、浜辺での稽古で初代宗家に徹底的に叩き込まれました」

何を叩き込まれたのだろう？

「〝三大基柱〟というのは技じゃないんです。『路肩《ろけん》鮮烈《せんれつ》』『験崖見真《けんがいけんしん》』『神肌躍如《しんきやくじょ》』の三つから成りますがそういう技がある訳ではない。八光流では入門すると初段技、二段技、三段技、四段技と学んで、その上で師範技、皆伝技と進む。この後に学ぶものが〝三大基柱〟なんですけど、師範技までくれば、もう、道場をもって教える資格があるという事ですから、形としてはどの技も出来ているんです。出来ているんですけども、〝本当にこれでいいんだろうか？〟とどこか漠然とした疑問を感じ始めるのが師範技の段階なんです。そして〝三大基柱〟を学ぶと、すべての疑問が氷解する。〝三大基柱〟というのはすべての技にかかってくる、ある種の鍵みたいなものなんですよ」

なるほど、いわば洗い直しをする訳だ。

純粋に技術や物理的な要領であるならば、そんなの最初から教えてよ、という事になる。しかし、武術の技とは現実的にはそんなに単純なものではない。ある程度の積み重ねを踏まえないと理解出来ないものがどうしてもある。

さまざまな武術において、一番はじめに学ぶ最も単純な初手こそが、実は最極意である、という話は非常に多く耳にする。ならば、初手を学んだ時点で完成かというとそうはならない。

八光流でまず学ぶ初手、初段技「八光捕」。これが〝三大基柱〟を踏まえるとどのように変わるのかを実際に見せていただいた。写真にはたぶん写らないですよ、と前置きされながらも。

八光捕とは、両手を掴まれた状態から片手ずつ上げていくもの。〝手解き〟にも見えるが、目的は純粋に上げる事。

「その、ただ上げる事が難しいんです。力に頼っているうちは出来ない」

そこで第1章でご紹介した口伝〝耳が痒い〟が大きな助けになるのだ。耳を掻くほどの何気ない動作がここでの正解となる（168頁写真）。

「〝三大基柱〟の『路肩鮮烈』を踏まえてやるとこうなります」

さて、問題の〝三大基柱〟だ。いかがだろうか（169頁写真）。

3コマ目の相手の崩れの大きさがまず目につくが、これは必ずしも〝三大基柱〟による違いではない。基本的な八光捕でも、相手が長く粘って掴み続けようとすれば結果として大きく腰を浮かせる事になる。それだけだ。

では何が違うのか？

その意味では確かに宗家が仰る通り、写真ではほとんどわからないかもしれない。そこはお詫び申し上げる次第。

しかし、肉眼で見ていると、確かに微妙な差を感じるのだ。

〝三大基柱〟を踏まえた八光捕では、掴んだままの状態、すなわち上げる前の状態にしてすでに相手にある種の縛りがかけられているような不自由さがわずかに顕われるのだ。そこでもう、崩されているかのような。

〝三大基柱〟にはきちんとした伝書があり、三つそ

初段技 八光捕

両腕を掴まれた状態から片手ずつ差し上げる。力んでしまっては上がらない。意識せず、「耳が痒い」くらいに思うべしとの口伝がある。崩しをかけるのが目的ではないので、相手は上げられて掴みきれなくなった時点で離し、結果として〝手解き〟のような格好になるのだが、次頁の〝三大基柱〟の例では、掴んだ時点ですでに肩部の硬直が見られ、崩しがかけられているような印象。

最初に学ぶ基本的な八光捕

“三大基柱”を踏まえた八光捕

れぞれが長い文言で表現されている。宗家にご許可いただき、特別に見せていただいたが、なかなか部外者には理解し難いものだった。おそらく実際に八光流に入門して修行を重ねている者にのみ、ピンとくるものなのだろうと思える感覚的表現だ。

そもそも『路肩』とは何ぞや？

「すべての技にかかってくるものというと抽象的なものなんだろうと思われがちなんですけど、実はかなり具体的なものなんです。『路肩』は〝ロカタ〟と読むと道の端っていう意味ですけど、そうじゃなくてここでは本当に人間の〝肩〟を差してます。路《みち》ですから、肩へ続く経絡という意味でもある。もっとも、それだけではないんですけどね」

少しだけわかってきた。実戦的な見地から考えると、相手の攻撃は掴むなり打つなり、ほとんどが手によるものから始まる。そして、八光流の技も、ほとんどがそういう形になっている。

その、何かしてきた相手の手に接触した時点で、経絡を通じ、肩を極めてしまう。極めると言っても関節技的な意味でではない。もう少し緩やかだが、別の意味で逆に強力な〝縛り〟をかけてしまっているのだ。

具体的にどうやっているのか、を知りたくなってくるが、それこそ部外者が教えてもらえるようなものではない秘伝、そもそも部外者が言葉で聞いた所で理解出来ないものだろう。しかし、それでも次の宗家の言葉は、自分なりの感覚的理解を助けるに余りあるものだった。

「相手の手の中の事なんです」

見えない〝極め〟

にわかには分からないながらも、『路肩鮮烈』を踏まえた技をいくつか見せていただいた。というよりも、今までさんざん見せていただいてきた宗家の技すべてに実は『路肩鮮烈』は入っていたのだ。前項で得られたような認識をもって見ると、何度も見た技が不思議と違って見えた。

172〜173頁は二段技〝木葉返〟。袖を掴まれつつ殴りにこられた所を受け、その手を取って……という所があまりにもスムースに遂行されていたのでこれまで見逃してしまっていたが、これ、恐ろしく難しい事なのではないか？　受けた、つまり接触した時点である種の〝極め〟が成立していなければ、相手はその手を取らせてくれなどしない。ここに秘められていたのが『路肩鮮烈』なのだ。

さらに、写真04〜05の落とし崩しや写真06での完全制圧も、手首を折る形は相手を誘導するためのある意味便宜的なもので、決して力で手首を折り曲げ、痛がらせて技となしている訳ではない。見えない〝極め〟が成立しているからこそ、これほどに全てがスムースなのだ。

〝三大基柱〟は、付け加える類の秘伝技ではない。稀には偶然にも知らないゆえ、初手を学ぶ段から出来てしまっている人もいるかもしれない、それほどプリミティブで繊細な事だと思う。しかし数多くの技を憶え、馴れていくうちにどこか形にとらわれだしてしまう所が出て来るのではないだろうか。そこを見直させてくれるのが〝三大基柱〟なのだ。これによってすべての技が変わる、そんな極意はきっとどんな武術にもある。しかしなかなか見つからない。八光流はそれを確かに見出し、体系化してしまっているのだ。改めてこの修練体系の完成度には驚嘆させられる。

さてここで、〝三大基柱〟三つのうち一つしか取り上げられなかった事をお詫び申し上げたい。

しかし言い訳だが、これは八光流秘伝中の秘伝なのだ。よくここまで出していただけたと思っている。

奥山宗家には本当に深い部分までを沢山明らかにしていただいた。心から感謝申し上げる、という言葉では足らないほど感謝している。

それはきっと、言葉で聞いた所で、技を見せた所で、それだけで出来るようになるはずのない事を誰よりもよく思い知っている自信からもあるのだろうと思う。今回の〝三大基柱〟のごとく、見えない部分こそが大事なのだ。

そして何より、必要以上に隠そうともせずすべてに答えて下さった宗家の大らかな人間性は、「挑まず、逆らわず、傷つけず」を信条とする八光流をまさに体現しているように感じた。

取材に伺う度、宗家に、門弟の方々にお会いする度それだけで何だかよく分からない力を与えられた。これが本書を終えるにあたっての正直な感想だ。これも〝心的作用〟なのだろうか。

不思議だ。武術にそんな力があるなんて。

■

二段技　木葉返

相手が袖を掴み、もう一方の手で殴りかかろうとしてきた所を受け、その手を外から掴んで手首を畳むように直下に落とし崩す。倒したらそのまま片手制御だけで相手を起き上がれなくしてしまう。この技は相手が殴る動作をする前にその手を取ってしまうやり方もあり、それなら比較的自然に手を取る事が出来るが、この例のようにすでに殴りにきてしまっている場合はその受け（写真02）から取り（写真03）への移行が非常に難しい。それには写真02の時点である種の〝極め〟を相手に与える事が必要なのだ。写真05の崩しも写真06の極めも、実は手首に痛みを与えてコントロールしている訳ではない。これすなわち、〝路肩鮮烈〟。

01

02

03

04

05

06

付録

〝指一本〟で身を護る法

十八本に凝縮された八光流の〝理〟

そもそも護身を本旨とする八光流だが、その名もズバリ「護身十八ヶ条」なる伝が存在する。これは名前通り十八本からなる、さまざまなシチュエーションでの護身技法だ。

「護身十八ヶ条」は、第二次大戦中に初代奥山龍峰宗家が〝本土決戦〟に備え、一般国民が白兵戦に耐え得るだけの〝心得〟として提供すべく編まれたものが元となっているという。

「だから、最初は殺傷技術がかなり盛り込まれた危険なニュアンスのものだったんです。そこから危険な技を抜いて、戦後に改めて国民のための護身術として作り直されたのがこの〝護身十八ヶ条〟なんですよ」

と、奥山龍峰現宗家は語る。

「護身十八ヶ条」は現在では『八光流雅懐編』という小冊子に収められているのを見る事ができる。（八光流本部発行。写真は平成十三年発行版。同書の初版は昭和二十五年）

女学校で護身術を指導する。右手後方が初代奥山龍峰宗家

初代奥山龍峰宗家（九州、小倉での"護身"をテーマとした講演会にて）

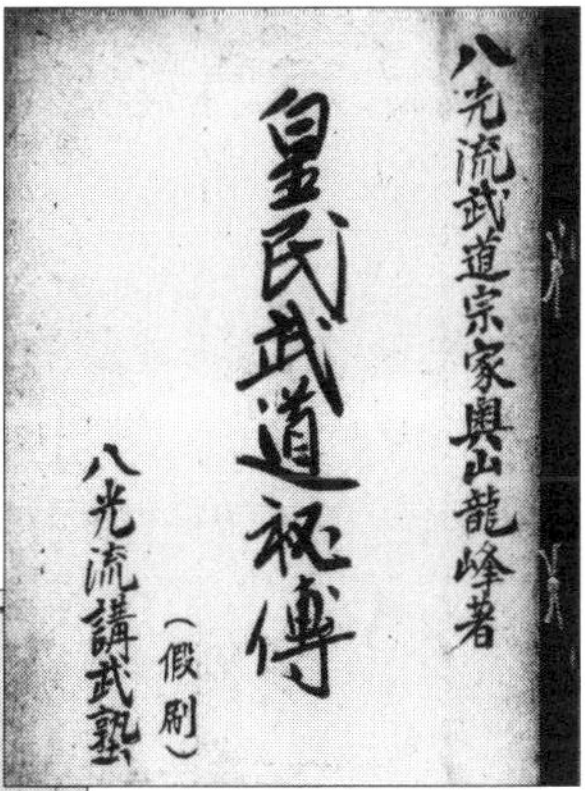

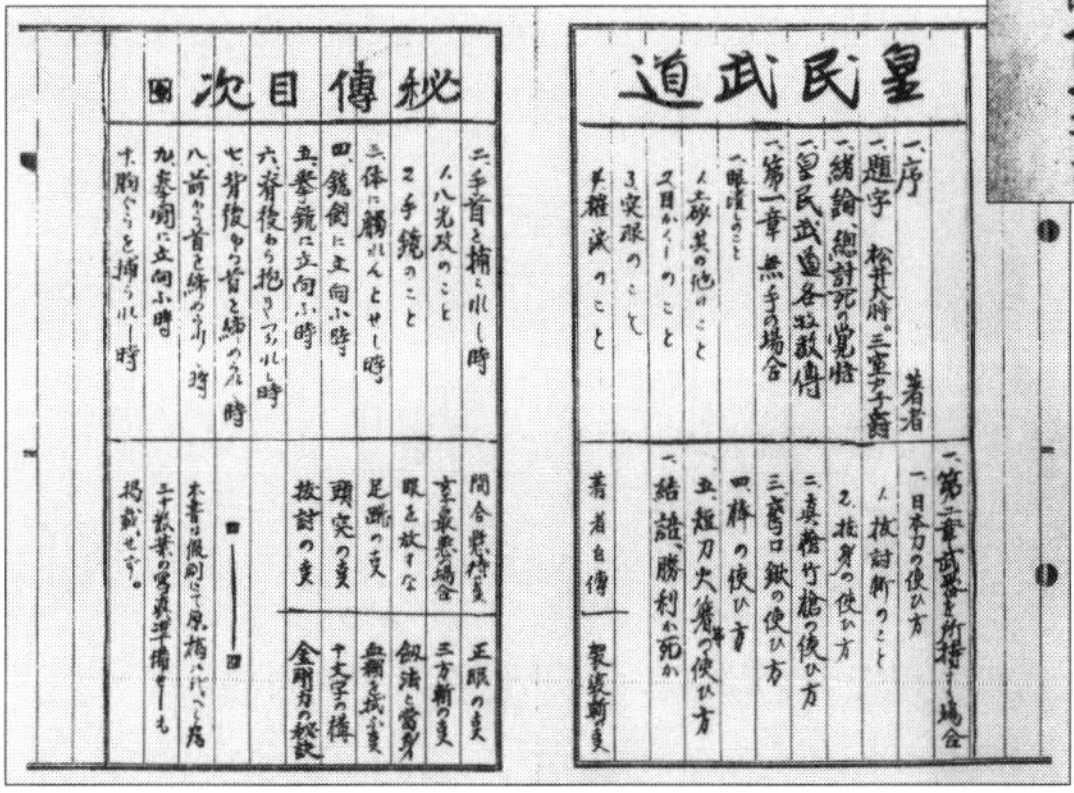
皇民武道

一、序
一、題字 松井大将、三室子爵
一、緒論、總討死の覚悟
一、皇民武道各級秘傳
一、第一章 無手の場合
一、第二章 武器を所持する場合
一、日本刀の使ひ方
1、抜討術のこと
二、真槍竹槍の使ひ方
三、拳口銃の使ひ方
四、棒の使ひ方
五、短刀火箸の使ひ方
一、結論、勝利か死か
著者自傳

秘傳目次

二、手首を捕られし時
1、八光攻のこと
2、手鏡のこと
三、体に觸れんとせし時
四、銃剣に立向ふ時
五、拳銃に立向ふ時
六、脊後から抱きつかれし時
七、背後より首を締められし時
八、前から首を締められし時
九、短刀に立向ふ時
十、胸ぐらを捕られし時

本書は假刷にて原稿に代へし為二十数葉の写真準備せしも掲載せず。

「護身十八ヶ条」の元となった『皇民武道秘傳』（昭和二十年発行）。戦時の心得として書かれ、殺傷技術を多く含んでいた。

ここは大事な所なのだが、「護身十八ヶ条」は八光流を修める者のためのものではないのだ。一般国民が身を護る術であり、それを、八光流に入門すれば必ず行う〝八光捕〟から始まり〝手鏡〟〝合気投〟……と順に各技を体得していく基礎修練を踏まずして伝授しようという主旨のものなのだ。

　八光流の〝理〟を非入門者に、時間をかけずに伝授する。そんな事が可能なのだろうか？

「それはある程度までならできるんです。そもそも八光流は難しいものじゃない。難しくないけどなかなかできないでいる事をやるっていうだけの武術です。そこは巧妙に〝護身十八ヶ条〟っていうものは編まれているんですよ」

挑まず、逆らわず、傷付けず

「護身十八ヶ条」は次頁上掲のような構成になっている。10のシチュエーションに18の技が振り分けられているのだ。

　まずは「第一ヶ条」の記述をみてみよう。

「敵、立っている我の両手くびを両手で掴み、暴行せんとした時。我は両手をぶら下げる程度に、肩や腕の力を抜き、拳固も造らずに、その指先で敵の眼を目がけて突進します。右の指先を用いる時は右足も一緒に前進します。これは日本舞踊の基本と同じであります。従って右手を使う場合、左足を共に行動する武技であれば、それは相対的な力学を知らない非科学極まる徒輩であります。左手は左足と行動を共にします。敵は顔面の危険を感じて、しかも剛力も何のその、力及ばずして後退（或は背後に逆転、後頭部を打つ事あり）手を放してしまいます。この時、我は素早く、拇指で軽く、敵の鳩尾《みぞおち》を突きます。秘訣はこぶしを造らず（力が入るから）に腕の力を棄て、体当たりで突進する事であります。如何に力自慢の巨漢でも、簡単に制禦することが出来ます。」

　ここでは相手が掴んできたその手をどうこうして……という類の事は何一つ要求していない。ここで要

護身十八ヶ条

一　手くびを掴まれた時
　第一ヶ条〜第三ヶ条
二　からだに触れんとした時
　第四ヶ条〜第五ヶ条
三　背後から抱きつかれた時
　第六ヶ条
四　首を締められた時
　第七ヶ条〜第九ヶ条
五　胸ぐらを捕られた時
　第十ヶ条〜第十一ヶ条
六　撲ぐってきた時
　第十二ヶ条〜第十三ヶ条
七　暴漢を連行する時
　第十四ヶ条
八　鞄を強奪されんとした時
　第十五ヶ条
九　兇器を突きつけられた時
　第十六ヶ条〜第十七ヶ条
十　多勢にとりかこまれた時
　第十八ヶ条

求しているのは〝力を抜く事〟、これに尽きる。

やってみればすぐわかる事だが、両手を掴まれた状態から引っ張り込まれまいと力で逆らってみた所で、それはよほどこちらが体格・筋力で勝っていない限りは無理なのだ。そういう所で勝負しようとしている限りは、護身術に勝機は薄いと言える。

力で逆らうのでなく、無駄に力まない事によってむしろ動きたいように動けるのだ。「挑まず、逆らわず、傷付けず」は八光流における三大原則。

この「第一ヶ条」という動き自体が、実はそのようにできている（178頁写真）。手首を掴まれ、引き込まれる動きそのままに、踏み込んでいくだけなので、ぶつかりが生じない。

相手の目に向かって指先から突き込んでいくが、もちろん目をえぐるのが目的なのではなく、〝ひるませる〟〝手を放させる〟〝体勢を崩させる〟事が目的だ。体勢を崩させる事に成功したら鳩尾に当てを入れ、逃げるための決定的な〝隙〟を作り出す。

この〝当て〟、実はただの〝当て〟ではない。

第一ヶ条

相手が両手首を掴んできた時、その手を“ぶら下げる程度”に肩、腕の力を抜き、どちらかの手の指先から相手の目に向け、手と同じ側の足を踏み出しながら突進する。相手が手を放したり、体勢を崩した所へ、鳩尾に当てを入れる。

01

02

03

04

POINT

とにかく力を入れない!

八光流の大原則が“力まない”という事。「相手のしたいようにさせない（引っ張り込まれない）」「自分の動きたいように動く（相手の目に向けて突き込む）」どちらにも、出来る限り“力み”をもって行わないようにする。実際、その方がどちらもかなうのだという事を知るのがここでのポイントとなる。よくみれば第一ヶ条におけるその2つは、ぶつかり合わない“同方向”にできている。相手を上回る力などハナから必要ないのだ。

POINT

手と足は同じ側を!

“全身一致”を実現する「同側」の原理。“ナンバ”に象徴されるこの原理は古流剣術、柔術等多くの武術において合理を実現しているものだが、八光流においてはこれによって「自然に無駄な力を使わなくなる」という点を重視しているという事が“日本舞踊”を引き合いに出している所から見てとれる。“逆足踏み出し”で体を捻るように出れば“上体だけ”“腕だけ”で動こうとしがち、すると腕の力を使おうとしがちになる。ここで求められているのは「腕の力を棄て、体当たりで突進する」事だ。

指一本の〝当て〟

次頁写真は「第五ヶ条」。〝からだに触れんとした時〟の対処法で、殴ってきた相手にも使える。

対処法と言っても至ってシンプル。相手の脇に当てを入れるだけだ。

「すべて攻撃の体勢は、一本の指頭丈でも、よく当て身の利く体勢となるものであります。従って力に任せてなぐったり、突いたり、蹴ったりするような方法では、単に障害を与えるのみで、慈眼膺懲《じがんようちょう》の当て身にはなりません。暴力で挑んできた体勢に限りその知覚神経に刺激を与える程度に、それも当てるということよりも、引くということに速度を加えることです。実はここにこそ、新時代の脚光を浴びる護身武芸の真価があり、敢然暴力を粉砕して之を完封することが可能なのであります。」

当てるのは拳頭や掌底ではなく、親指の先っぽである。指なんかで強い当てができるのか？という誰もが感じる疑問その通り、強く当てる必要はないのだ。

〝当て〟の手の形は182頁上掲写真のような感じ。

「八光流の当ては、破壊が目的ではありません。痛がらせ、ひるませる事が目的ですから、ほんのピンポイントでいい、というか、その方がむしろ効かせられるんです。初代が書いている通り『知覚神経に刺激を与える程度』、そのためには『当てるということよりも、引くということに速度を加えること』が大事なんです。これは〝皇方指圧〟の要領と同じなんですよ」

〝皇方指圧〟とは八光流柔術に併伝されている療術。経絡を押圧によって刺激してその流れを整える、というものだが、これがまた柔術に劣らぬほど痛いのだ。一瞬ではあるが、まさに〝知覚神経を刺激〟されたごとくに稲妻のような激痛が走る。なぜこれほどに鋭い痛みが走るのか、施術されてみると本当に不思議に感じるのだが、その秘訣はやはり力任せでない、押圧の要領にあるのだ。

「皇方指圧は力任せに押しても効かせられません。ただ指で押すだけのように見える動作の中にも三段階

第五ヶ条

相手がこちらの体に触れよう（殴り掛かろう）としてきた瞬間、中腰になって脇の下に“当て”を入れる。“当て”というと強固な拳頭を当てねばと思ってしまう所だが、それだと遅くなる。当てるのは親指の先端でよい（次頁参照）。より強い力で打とうとすれば必然力む事になってしまうが、それは今さら言うまでもなく御法度。相手を“破壊”するのでなく効かせる（痛がらせる）にはピンポイントに“指”で十分なのだ。それがわかってくるほどに力みは消え、“当て”は速くなっていく。

01

02

03

POINT

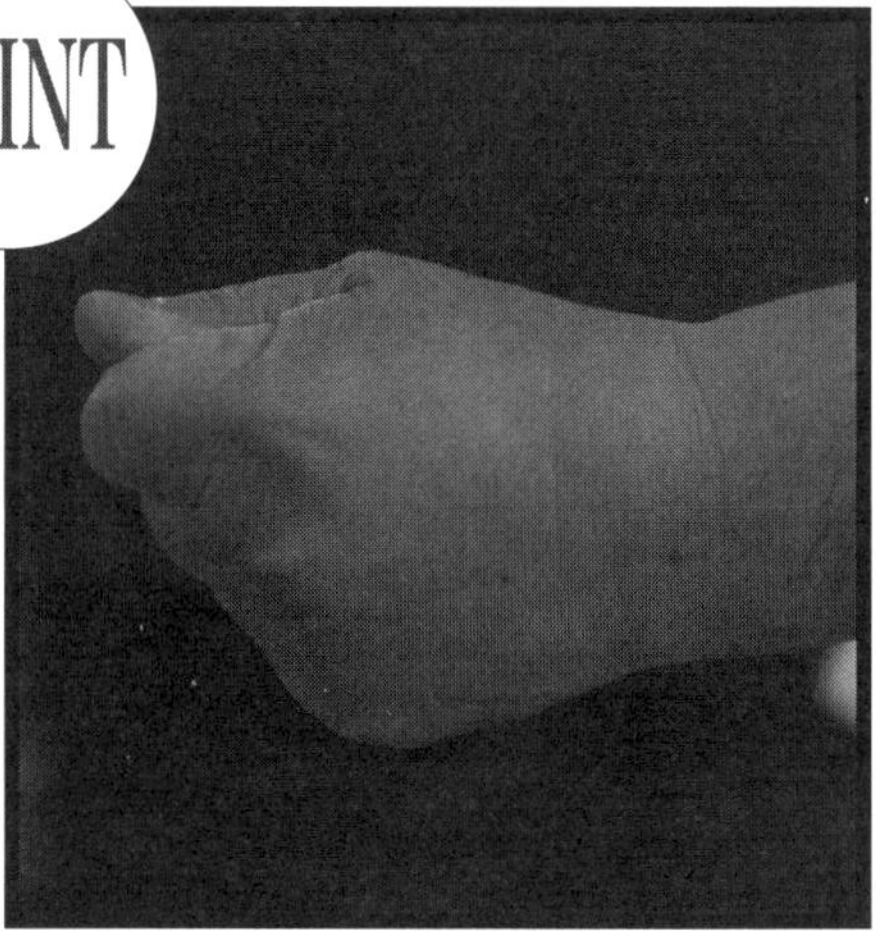

“当て”は親指で！

八光流の“当て”は拳を握らず、かつ拳頭でなく右掲写真のような形にした親指先端を当てる。指は強度が心配になる所だが、このような形にしてほんの先端をチョンと当てるだけならば怪我をする事はない。痛がらせるだけならば、これがむしろ効くのだ。指を強く深く突き入れる必要もなく、むしろ“引く”事の方に効かせるコツがある。

当ては指圧と同じ!?

当てを効かせるコツは、実は八光流の併伝療術である「皇方指圧」での要領と共通している。指圧は、下掲図のごとく３段階において、離す瞬間（下掲図３）に初めて効かせる事ができるのだという。当ても同様に引く事により効かせられ、押し込むプロセス（下掲図２）における強さはさして重要でない。

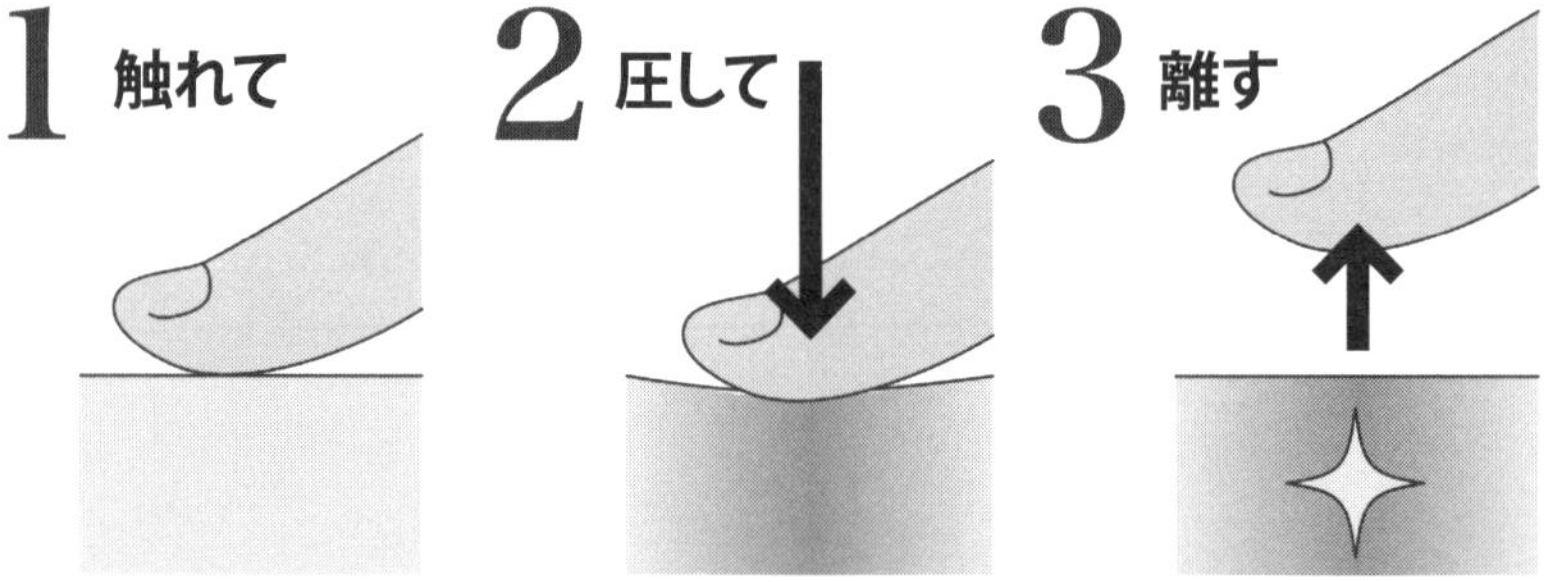

のプロセスがあって、それは〝触れる〟〝圧する〟〝離す〟というもの。〝圧する〟で力を加えてる訳なんですが、そこじゃなくて、次の〝離す〟瞬間に効かせられるんです。そこが大事なんですよ」

だから効くのは〝一瞬〟なのだ。〝一瞬〟でも激痛。だからこそ行動を左右されるほどに効く。びっくりして思わず手を放してしまうほどに効くのだ。

改めてこれを一般常識的な打撃でやってみる事を考えると、かなり難易度が高いことがわかる。十分なテイクバックのとれないボディ・ブローを、ボクサーが磨き込んできた技術のように、素人ができる訳がない。

そして、この〝親指当て〟は驚くほど速い。何しろ〝指先でちょっと触れる〟程度の動作に過ぎないのだから、自然で速いのだ。これはおそらく力みがないほど速い。動作の起こりも早くなり、動作自体のスピードも速くなる。

改めて、力まない事の大切さを感じる所なのだが、ここには八光流が重視している要素、〝心的作用〟が大きく関与している。すなわち、相手に掴まれても、それを力ずくで振りほどく必要もない。力ずくで反撃の当てを入れる必要もない。「相手の力が強かろうが〝指一本〟で済むのだ」と考えられる余裕が力みをなくし、当ての速度を上げてくれるのだ。

しかし、本当に相手の力が強かろうが大丈夫なんだろうか？

と、信じきれない方も多いのではないかと思う。

〝力で来る〟相手ほどありがたい

次頁写真は「第三ヶ条」。

先出の「第一ヶ条」と同じく〝手くびを掴まれた時〟への対処だが、今度は〝指一本〟で制しに行く。

「我右片手を、敵両手に握られ『顔を貸せッ』などと、無理に連れ去られようとした時は、腕の力をすっかり抜き、指先を、軽く反抗する如く手もとに引いて見ます。敵、俄然力を出した刹那。その尤も力の入っている敵の右腕（特に肘の上下或はどこでもよし）を、拇指で軽く握るように圧迫して見る。とたんに激痛甚だしく敵はびっくりして手を放します。秘訣は拇指の指頭で、その中央部に向って、軽く当身を入れるつもりで刺激することです。」

ちなみにここで言われている〝肘の上下〟、自分で自分のそれを親指で圧迫してみても、けっこうな力を入れてやってみた所で大して痛くはない。ところが、掴み掛かって行った所を他人に同じようにやられると、本当にそのまま立っていたくなくなるほどの激痛が走るのだ。

「これは、掴む方が力む事によって急所化してしまってるんですよ。力まなくてもある程度は痛い所なんですけど、力任せに行くばっかりに、より激痛になるんです。だから、こちらにしてみれば、力任せに来られるほど対処が楽だという事になりますね」

なるほど、こうなるといよいよ〝力で来る〟相手ほど怖くなく、思えてくる。怖くなければ、力まないでもいられそう。力まないでいられれば、動ける。〝心的作用〟がもたらす正の連鎖だ。

〝指一本〟で制してしまう、などと言われれば、それはもはや奇跡に近い達人技に聞こえるだろう。長年修練を積んで来た者のみが為し得る技、のような。しかし実は、誰もができるレベルのはずの〝護身十八ヶ条〟十八本のうち、実に八本、半分近くまでもが〝指一本〟で制する技なのだ（親指の〝当て〟を含む）。八光流柔術の技法としては、もちろんもっともっと

第三ヶ条

相手が自分の片手を掴んできた時、腕の力を抜き、指先を軽く手元に引き向ける。相手がそこを引かれまいと力を込めてきた瞬間、その力んだ腕の肘のすぐ上あるいはすぐ下を空いている手の親指で軽く当て身を入れるつもりで刺激する。相手が力んでいるほど激痛が走り、掴んでいられなくなる。

POINT

相手の力んだ所が急所！

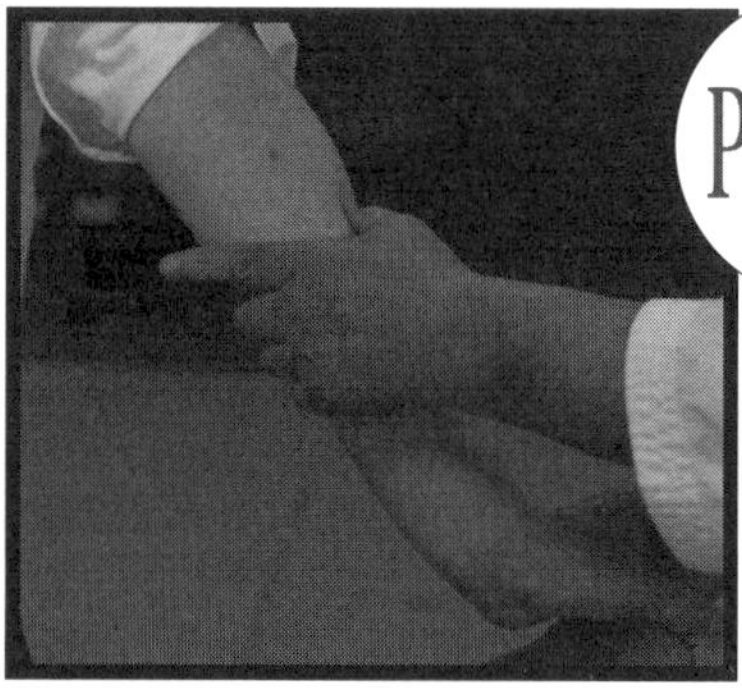

指の押圧によって“痛み”を与えるとなると、正確に急所（ツボ）をとらえなければならないと考える所だが、八光流において急所は“点”とはとらえられていない（同様に治療するために押圧する場所も“点”ではなく“線”（経絡））。やられればいつでも痛い急所、ではなく、“力んだ所”がどこでも急所となるのだ。実際にされてみると、大して強く押されている訳でもないのに、押さえられるどこの箇所もとんでもないほどの痛みが走るのは不思議なほど（左掲参照）。すなわち、相手が力任せにかかってきた時こそがこの上ないチャンスなのだ。

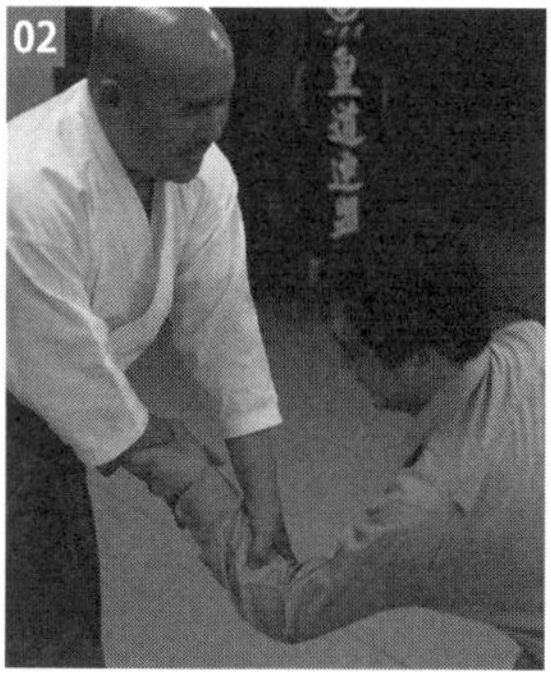

勝手な所を勝手なタイミングで掴みにいった編集部員の腕に宗家の押圧！あまりの激痛とそこから逃れたいばかりに思わず腰を落としてしまう。

第九ヶ条

寝ている所へ馬乗りになられ、さらに首を締められようとしている状態。常識的には「絶望的な状態」だが、力任せに締めにきていればいるほど、ある種の“チャンス”は訪れている。力んだ脇腹あたりを親指で押圧するだけで相手は激痛にその状態ではいられなくなる。“指一本で何とかなる”事を踏まえ、落ち着いて力まず対処を！

高みは止めどなくまである。突き詰めれば本当に〝指一本〟で相手を動けなくしてしまえるのだ。しかし、〝護身十八ヶ条〟として初代奥山龍峰宗家が世に提示したかったのは〝誰でもできる〟レベルのもの。それは、先にも現宗家が仰ったように「難しくないけどなかなかできないでいる事をやる」という、そこが武術においても、護身術においても、一番大事なのだという事を示しているのかもしれない。

力まない事。怖くて固まってしまわない事。こんな簡単な事をいざという時にできるのなら、それだけできっと何とかしてしまえるのだろう。そんなメッセージが、拳でなく一見弱そうな〝指一本〟に込められているのだと思うのだ。

「常々思うんですよ。〝強そう〟な事なんて何の価値もないだろうって。まして我が身を護らねばならない急場では、表面的な〝剛〟があるほど、大怪我に繋がるんです。挑む必要なんてない。逆らう必要なんてない。もちろん相手を傷付けようとする必要もないんです。本当に大切なものが見えた時、人はきっと余計なものを捨てられる。そんな時、人は本当の意味で強くなれるんじゃないですかね」■

おわりに

八光流宗家　奥山龍峰（二代目）

八光流は、どんな技を用いる場合でも肩の力や腕の力を捨てよと教えます。

事実、これらの力を捨てなければ暴力に勝つことはできないだけでなく、丹田が活きてこないのです。丹田こそいのちの在処《ありか》であり、元気も真気もまたあらゆる道の奥義の一切も、実はここよりほとばしり出るのです。

この丹田を養成する道は、医術にあらず、器械にあらず、静座法にあらず、日本武芸の粋、八光流あるのみです。ゆえに八光流の修業は万病予防に役立ちます。

世にいう老化は関節より始まります。関節の硬化を軟らかく解き、全身筋肉の伸縮運動を他動的に盛んにすることにより、高血圧、胃腸障害等は直ちに快復させられるのです。

また、一技一技の峻烈なる瞬間痛覚は、全内臓に活と刺激を与えて健康を補強し、長寿の秘技ともなります。また、あらゆるノイローゼは回復へと向かいます。

そして八光流の体得により、礼儀を重んじ、家業を盛んにし、いかに病弱不幸なる者でも必ず強健幸福を招くにいたるでしょう。

監修◎奥山龍峰　Ryuhou Okuyama

1948年生まれ。父である初代奥山龍峰宗家につき、5歳の頃より皇方指圧を学び始める。1986年4月に二代目奥山龍峰を襲名。現在、国内全国各地ほか世界8カ国にある支部で指導にあたる多忙な日々を送っている。

編◎『月刊秘伝』編集部

装丁デザイン●中野岳人
本文デザイン●和泉仁

"心的作用"を使い、指一本で相手を制す！
凄い！八光流柔術
短期修得システムを解明

2014年4月10日　初版第1刷発行

監修者　奥山龍峰
編　者　『月刊秘伝』編集部
発行者　東口敏郎
発行所　株式会社BABジャパン
〒151-0073 東京都渋谷区笹塚1-30-11 中村ビル
TEL 03-3469-0135
FAX 03-3469-0162
URL http://www.bab.co.jp/
E-mail shop@bab.co.jp
郵便振替 00140-7-116767
印刷・製本　株式会社シナノ

ISBN978-4-86220-826-2 C2075

BOOK Collection

富木謙治の合気道　基本から乱取りへ

「合気道徒手乱取り」を実現するための基本稽古法を筆者の長年の研究からここに集約!　本書は、最も基本的な技法と上達システムを統一し、底上げするための入門書であり、また極意書となるべく制作されました。

●佐藤忠之、志々田文明　共著　●B5判　●184頁　●本体1,700円＋税

日本伝 大東流合気柔術　第2巻 地之巻「柔術編」

合気柔術とは、無数に展開する「裏の技」である!本書では、無数に展開する「裏の技」=合気柔術を公開。■目次：合気柔術　基礎鍛錬法／一ヶ条　初伝・中伝・奥伝／技法編（立合後襟取・立合 両肩捻・半座半立　両手取・立合 袖取）／対武器編（杖対太刀・徒手対太刀・合気杖太刀取・合気杖合気投・懐剣之事・徒手対懐剣（後襟取、基本編、応用編）

●菅沢恒元 著　●B5判　●232頁　●本体2,000円＋税

日本伝 大東流合気柔術　第3巻 天之巻「合気之術編」

合気之術は、多敵を制す「異次元の技」である!　本書では多敵を制す「異次元の技」=合気之術を公開。■目次：合気呼吸体操／返し技編（立合一ヶ条、居取三ヶ条・立合一～四ヶ条・立合四方投、入身投）／多敵編（半座転身法・立合転身法・合気呼吸体操奥伝）／合気押さえ・合気当て／陰陽変化・逆小手／蜘蛛之巣伝／骨肉皮毛之伝／触れ合気／その他

●菅沢恒元 著　●B5判　●192頁　●本体1,900円＋税

合気道養神館精解技法体系　入門から黒帯への道標

「合気道養神館公式技術書」　掲載技法数 160!　達人・塩田剛三が目指した、万人のための一大技術体系がこの一冊に!!　入門から黒帯になるまでの全技法をより分かりやすく、より機能的に体系化。黒帯に至るまでに身に付ける技法と、さらに合気道を深め、極意へ至るための基本を集約した一冊。各技法を連続写真で丁寧に説明。昇級・昇段審査に対応!

●塩田泰久 著／合気道養神館指導部　●B5判　●248頁　●本体1,800円＋税

勝つ!合気道

「合気道 S.A.」10 年間の実験報告。既存の合気道からの脱却、「試合」を行う道理より発見し、得られた実戦「型」マニュアル。　■目次：構え／基本動作／受身／体捌き／打撃／基本技1（正面突き一ヶ条抑え、前打ち肘締め、胸持ち側面入り身投げ、その他）／基本技2（多数前打ち小手返し、回し打ち呼吸投げ、その他）／コンビネーション／護身／他

●櫻井文夫　●AB判　●176頁　●本体1,700円＋税

合気道小説　神技 — kami-waza —

パリにある合気道学校では、合気道創始者・植芝盛平の極意技術《神技》の再現するために、神秘と情熱、そして狂気のやどる稽古が行われていた。そこで稽古することになった二人の少年に待ち受ける修行とは?　武道の極意世界に至るまでの過程が、二人の少年の成長、そして感動とサスペンスのあるストーリー展開で描かれた、武道の極意が学べる新感覚武道小説。

●ガディエル・ショア 著／永峯知佐登　●四六判　●384頁　●本体1,600円＋税